人間関係の悩みがなくなる
カントのヒント

秋元康隆

ワニブックス
|PLUS|新書

はじめに

大学院生のときに、ある先輩が「おい秋元、指導教授が君のこと褒めていたぞ」と教えてくれたことがありました。私はその先輩に「具体的に私のどこを褒めていたんですか？」と聞いてみました。するとその先輩は、「あいつは打たれ強いと言っていた」と答えたのです。

私は内心「哲学的なセンス」だとか「テキストを読み込む力」だとか、なんかもっとカッコイイ理由を期待していたので、なんだか肩透かしを食らったような気がしたのでした。

しかし、時間が経つにつれて私の受け止め方は変わっていきました。打たれ強さというのは、実はものすごく大切なのではないかと考えるようになったのです。今では、あのときの言葉が「哲学的なセンス」や「テキストを読み込む力」などではなくてよかったとさえ思っています。

そう思えるようになったのには、いくつかの理由があります。

まず、「哲学的なセンス」や「テキストを読み込む力」といったものは、いつでも発揮できるわけではありません。汎用性が低く、使用機会が非常に限られているのです。対照的に、打たれ強さというのは、どこで何をするにしても必要となると言えます（打たれ強さなどまったく必要ない環境に身を置ければベストなのですが、そんな理想郷はないのです）。

第二に、仮に「哲学的なセンス」や「テキストを読み込む力」があったとしても、結局のところ打たれ弱く、続けられなくなってしまっては元も子もありません（実際に私はそういう人たちをたくさん見てきました）。反対に、たとえセンスや能力の面で多少劣っていたとしても、打たれ強く、しがみついて続けていけば、そのうちそれなりのレベルには達すると思うのです。

第三に、私が学部生の頃から取り組んできたイマヌエル・カントの倫理学説との関係においてです。

カントは、自分の頭で考えることが道を誤る可能性を下げ、自身の考え方（哲学）を形成することにつながる、延いては、それが人としての強さにつながると考えているのです。（※1）もしそれが私自身のなかである程度でもできているのだとすれば、そのことを自負してもよいでしょう。（※2）

翻って今の日本社会に目を遣ると、多くの自殺者であり、精神疾患者を抱えています。つまり、現実に多くの人が苦しんでいるわけです。その現状に鑑みると、打たれ強さの重要性は否定しがたいのではないでしょうか。

そこで本書では、とりわけ打たれ強さに密接に関わる、他者との関係の築き方についてのカントの言説を追っていくことにします。

具体的には、「友人関係」（1章）、「親子関係」（2章）、「仕事の人間関係」（3章）、「一般的な人間関係」（4章）の順に扱っていきます。最後の「一般的な人間関係」については、とりわけ昨今問題が顕在化しているSNSの絡んだ人間関係に焦点を当てて論じていきます。

この先の「目次」を挟んで本文に入る前に、一点だけ念押ししておきたいことがあります。

カントは（万人が則るべきという意味での）「答え」を提示しているわけではありません。彼が提示しているのは、私たちが考える上での指針に過ぎないのです。それを拠り所として、実際に考えるのも、決断を下すのも、自分自身なのです。あくまで内面（考え方・哲学）がしっかりしてこその外面（自分の外に展開される人間関係）であることを心に留めて読み進めていってほしいと思います。

（※1）カントの助手を務め、彼の伝記を書いたヤッハマンは、カントは精神と思想と生き方とが密接に関連していたことを指摘しています。カントの生き方は、彼の思想に裏付けられ、その思想は（ヤッハマンの表現を借りれば）彼の卓越した精神によって支えていたのです。逆もまた然りで、カントの卓越した精神が彼の思想を形成することを可能にしたのであり、彼の生き方に結びついていたのです。ここには密接な相関関係が認められるのです。ボロウスキー、ヤッハマン、ヴァジヤンスキー（1967年）、142頁参照。

（※2）ただここで、なかには「考え過ぎもよくないのでは？」と思った人がいるかもしれません。つまり、考え過ぎたために失敗すること、精神的に不安定に陥ることもあるのではないかということです。しかしカントは、きっぱりとそのような可能性を否定します。――どれだけ考えようとも、その方向性が間違っていなければ、それが失敗や精神的不安定さにつながるわけがないのです。もしうまくいかなかったのであれば、それはたくさん考えたから（量）ではなく、考え方（質）が悪いからなのです。たとえば、自分の視点のみに留まって、考えるような姿勢です。それでは考えはグルグル回るだけで、なかなか解決策は見つからないでしょう。本書はまさにそうならないための手引きなのです。

【本文中の引用について】

慣例に従い、カントからの引用はアカデミー版（Ａｋ）を使用し、その巻数と頁数を記します。『純粋理性批判』のみ第一版（Ａ）、第二版（Ｂ）と表記し、その後に頁数を載せます。日本語版のカント全集（理想社と岩波書店）にも、この頁数が載っているので、（一般の人には少しわかりにくいかもしれませんが）確認しようと思えばできるようになっています。引用内の丸括弧は原典によるものであり、亀甲括弧は著者による補足になります。強調は傍点で表します。また、カントからの引用であるかのような体裁で、出典としてはメンツァー、または、ボロウスキー、ヤッハマン、ヴァジヤンスキーの三人の名前が挙げられている箇所がいくつかありますが、前者はカントの倫理学講義の編者であり、後者三人はカントの伝記を書いた人物です。翻訳については場合によって、かなり意訳していることを断っておきます。

目次

序章　必要最低限の知識を押さえる

カントは倫理学者です。彼が取り組んだ倫理学という学問は、人の生き方に関わる、「善とは何か」「その善をなすためには何をなすべきか」といった問いに対峙し、何らかの指針を示すことを使命としています。前述したとおり、そのなかでも本書では、人間関係に関わる問いを中心に扱っていくわけです。

しかし、カントの個々の言葉を並べてみたところで、理論になるわけではありません。そして理論立っていないようなものは学問の名に値しません。また、理論部分がしっかりと示されていないようでは、応用も利きません。

たとえば、カントがある特定の状況について語っている内容は、その状況下でのみ、もしくはある程度拡大解釈してみたとしても、せいぜい類似の状況下でしか効果を発揮しないわけです。すると私たちが現実に直面する複雑な状況下では、ほとんど役立たないということにもなりかねないのです。

そうならないために、つまり、カントの思想ができるだけ多くの状況に適用できるように、序章において、その理論部分を描き出しておこうと思います。そこで展開される理論が、1章以下の各論において応用されていくのであり、延いては、それが読後のみなさんの生き方のなかで展開されていくことを企図しています。

ただ、カント倫理学とは本来、分厚い専門書を丸々一冊費やしても収まり切らないような壮大な建造物なのです。そのため、本書のような一般向けの新書の形態で、かつ、たったひとつの章のなかで収めるとなると、必要最低限の情報を非常に浅く紹介するに留めざるをえません。あくまで事前知識のない人に向けた書籍であることをご理解ください。

万人向けの著作であるという話に関連して、ここでひとつ質問です。はたしてみなさんのなかに、たったひとりでも、自身が幸福になることに関して無関心の人がいるでしょうか。おそらくひとりもいないと思います。

そこで序章では、これまでカント倫理学や、そもそも倫理学という学問に触れたことがなかったような人でも、すんなりと本書の中身に入っていけるように、誰もが興味を持つ「幸福」をテーマにカント倫理学に切り込んでいこうと思います。卑近な例を多用し、できる限りわかりやすく説明するよう努めるので、お付き合いください。

①幸福の不確実性

幸福を求めるという行為原理に従うところの意志は、何を決意したらよいのかわからなくなって、さまざまな動機の間を右往左往することになる。彼は効果を狙っていたのだが、その効果なるものは甚だ不確実である。

Ak VIII 287.

カントはここで、どのような行為（原理）が自分の幸福に資するのか自分自身でもわからないという、幸福概念の不確実性を指摘しています。

たとえば、難関大学の合格を目指す人や、安定・有名企業に入ろうとする人たちは、それが自身の幸福につながると信じているからそうしているはずです。そして、多くの人はその際に疑念を挟むようなことはないのではないでしょうか。仮に疑念が湧いてきそうになっても、それを打ち消そうとするのではないでしょうか。

なぜなら、そんな疑念に囚われていたら、目標を達成する上での足かせとなってしまうであろうからです。

しかしカントは、そのような人たちに冷ややかな目を向けます。彼は、仮にそのような目標が達成できたとしても、本人が幸せになる保証などまったくないと言うのです。せっかく努力して入った大学や企業であっても、たとえば、自分にまったく合わなかった、パワハラ体質の教授や上司がいて精神的に参ってしまった、ブラックな環境で健康を害してしまったなどなど、自身が不幸になる原因なんていくらでも考えうるからです。

大学にしろ企業にしろ、入ってみなければ実情、つまり、そこが本当に自分の幸福に資する場所なのかどうかなどわかるはずがないのです。

そもそも環境によって自分の幸福が確保される、控え目に表現しても、それに近づくことができるなどと考えていること自体が、まさに「はじめに」で戒めた、自分で考え、判断することを避けた安易な態度と言えます。そういう「自分」というものがしっかりしていない状態では、結局何をやってもうまくいかない可能性が高いのではないでしょうか。

先に目標が達成できた人のケースについて話しましたが、それが達成できないこともありうる、というか、人生なんてうまくいかないことの方が多いわけです。いわんや、その失敗が心の傷や劣等感につながってしまう可能性もあるのです。

みなさんの周りにも受験や就職で躓き、そのことをいつまでも引きずってしまっている人がいるのではないでしょうか。もし、それが自身の幸福につながるなどという勝手な思い込みから目標を立てて、それが実現しなかったことが不幸の原因となっている（とこれまた勝手に思い込んでいる）としたら、ボタンの掛け違いは、幸福という不確実なものを無批判に自身の生きる上での最大の指針に据えてしまっていた点にあったことになるのではないでしょうか。

ただ、もし自身の幸福を生きる基準とすべきでないのだとすると、私たちはいったい何を基準に生きていけばよいのでしょうか。

②倫理性の確実性

自身の幸福を追求することに反して、何がこの場合に義務であるかを自問するならば、彼はこれに対する自答にいささかも惑うことなく、自分が何をなさなければならないかということを立ちどころに確認できるのである。

Ak VIII 287.

①では、何が自身の幸福に資するのかよくわからないというカントの文面を引用しましたが、彼はその直後に、幸福概念とは対照的に、何が倫理的義務であるかということは誰もが立ちどころに理解することができると言います。

先の引用文で「この場合」としてカントが想定しているケースについてここに（少し手を加えて）紹介します。

私が友人からお金を借りるとします。友人とは証書の類を交わしませんでした。そのうち、その友人は亡くなってしまいました。そこで私は借りていたお金を自分のものとしてしまうか、それとも、親族に申し出て返すべきか考えるのです。はたしてどちらが自分の幸福に資するのでしょうか。一見したところ、お金を返さない方が自身の手持ちが増えることになるので、幸福につながるように思えるかもしれません。しかし、そうは言い切れないとカントは言うのです。

本来は他人のものであるそのお金をコソコソと管理するとなると手間がかかります。小心者であればあるほど、「いつバレるか？」とビクビクしながら生活することになります。当然ストレスになります。そういった様々なマイナス面を勘案すると、その実まったく割に合わないということが十分ありうるわけです。

反対に、ネコババしてもバレない状況において、それでもあえて借りていたお金を正直に返したことによって、結果的に自身の評価が上がり、自分に有利に働くことだって考えられます。つまり、どちらが自分の幸福に資するのかということはよくわからないのです。

他方でカントは、（幸福概念とは対照的に）倫理性に関しては、引用文にあるように、自分が何をすべきであるかは明らかであると言うのです。要するに、借りたお金は正直に返却すべきであるということです。カントはこのケースに限らず、何が倫理的に正しいのかを知るには、高い能力や高度な知識などは必要ないと言い切るのです。（※）

以上を踏まえカントは、あやふやな幸福概念ではなく、明確な倫理性を基準にして、行為すべきであると説くのです。

ただし、ここで疑問が生じるかもしれません。仮に何が幸福に資するか曖昧であり、他方で、何が倫理的に正しいのかは明確であることを認めたとしても、そのこと自体は後者を私たちの行為基準とすべき理由とはならないのではないかというものです。それどころか、自身の幸福を追求しないことは、自身が幸福になることを諦めることであるとすれば、むしろそれは（そんなこと誰もしたくないため）私たちが倫理性を基準にすることを困難にするのではないでしょうか。このような疑問にカントはどう答えるのでしょうか。

（※）Vgl. Ak IV 404.

③倫理と幸福の関係

私たちは素質というものを、その目的との関連において、人間の規定要素である三つの部類に都合よく配分することができる。それは

一　生物としての人間の動物性の素質、

二　生物であると同時に理性的な存在者としての人間の人間性の素質、

三　理性的であると同時に引責能力のある存在者としての人間の人格性の素質である。

Ak VI 26.

前節の最後に発した疑問に答えるために、私たちが抱える自己愛や欲求といったものについて考えてみたいと思います。カントは、私たちは誰もが「傾向性」（Neigung）というものを備えていると言います。これは、漢字に現れているように、ある方向に「傾く」というニュアンスがあります。「ある方向」というのは、自分にとって都合の良い方向です。つまり、自己愛や欲求といったことを指しているのです。（※1）

この傾向性を満たすことが、幸福への道だと考える人は少なくないでしょう。しかし、本当にそうなのでしょうか。ここにも思い込みはないでしょうか。つまり、自己愛や欲求を満たそうとすることが、本当に幸福になること、控えめに言っても、それに近づくことになるのでしょうか。

ここで本節冒頭のカントの「素質」についての言及が参考になるのです。カントは、人間のうちには、三つの素質があると言います。以下に個別に見ていきたいと思います。まず、「動物性の素質」です。カントはそれを「自然的であって、単に機械的な自愛、すなわち理性を必要としない自愛」（※2）と説明しています。これはさらに三つの素質に分けられます。①自己を保持しようとする素質、②性衝動によって自らの種を繁殖させたりしようとする素質、③共同生活すなわち社会を求める素質です。ここまでの説明からも、またその名称からも窺えるように、（人間以外の）動物でも抱くような、非常に原始的な欲求と言えます。これらは満たされればよいのですが、そうでない場合に不満の原因となります。

　私たちにとってさらに厄介なのは、二つ目の素質、つまり、「人間性の素質」と呼ばれるものです。これはカント自身によって「人間性の素質は、自然的ではあるが、しかしなお比較する（そのためには理性が必要である）自愛という一般的名称に集約することができる」（※3）と説明されています。たとえば、先ほどから挙げている難関大学や有名企業に入る例に絡めて言うと、なんとかそのなかに入ったものの、そこには優秀な人たちが集まり、また、しのぎを削っているわけです。自分を他者と比較することで、劣等感を抱えてしまうということが起こりうるのです。

　ただ、劣等感によって自分自身が苦しむだけならまだマシで、場合によっては、抑えきれなくなった気持ちが外に向かってしまう可能性もあるわけです。カント自身の言葉で言うと「不当な欲望」（※4）や「敵意という最大の悪徳」（※5）に結びつくという

ことです。彼は具体的に、嫉妬、忘恩、他人の不幸を喜ぶ気持ちなどを挙げています。（※6）

たとえば、能力が高く、うまくやっている学友や同僚をねたんだり、足を引っ張ろうとする方向に向かってしまうような場合です。こうなってしまうと、その人の人生は余計にうまくいかなくなるでしょう。

ここまでの内容をまとめると、人は利己性を有するから、自身の幸福を願い、行動を起こすわけです。しかし、それは場合によっては、自分を苦しめ、他人を傷つけることにつながるのです。さりとて私たちは利己性を完全に根絶することもできないわけです。だとすれば、私たちに問われるのは、利己性の根源的内在性を認めた上で、それとどのようにうまく付き合っていくかということなのです。どのように（利己性一般ではなく）行き過ぎた利己性に対処するかということです。

（※1） Vgl. Ak IV 413（Anm.）.
（※2） Ak VI 26.
（※3） Ak VI 27.
（※4） Ak VI 27.
（※5） Ak VI 27.
（※6） Vgl. Ak VI 27.

④動機の普遍性

> この世界において、それどころかこの世界の外においてさえ、無制限に善いと見なされうると考えることができるのは、まったくもって善意志のみである。

Ak IV 393.

私たちはどのようにして、許される利己性と、行き過ぎた利己性の線引きを計ることができるのでしょうか。このような問いに対して、カントは以下のように答えます。「人々は幸福に対する欲求を放棄すべきであるということではなく、単に義務が問題となる場合には幸福を顧慮すべきでないということである」（※1）行き過ぎた利己性というのは、倫理性が問われる状況に置ける利己性と考えることができるのです。

たとえば、お金を稼ぐこと自体は必ずしも倫理性が問われるわけではありません。しかし、それが他者を騙すことによって成り立つものだとすれば、それは倫理性が問われる状況と言えます。当然、それは戒められるべきということになります。もちろん、やろうと思えば、それに反して、相手を騙すこともできます。そして、実際に短期的にはそれで利益が上がるかもしれません。しかし、長期的には難しいでしょう。悪評が立つからです。場合によっては法的な裁きを受けることになるかもしれません。

すると今度は、「だったら短期だけなら」と思う人が出てくるかもしれません。しかし、一度何かがうまくいってしまうと、それをやめることは難しくなってしまうのではないでしょうか。（※2）やめるどころか、味を占めてエスカレートしてしまうのが人間の性（さが）というものです。しかし、エスカレートしていけば当然のことながら、不正が露見してしまう、つまり、代償を払わなければならない可能性もまた高まるわけです。そんなリスクを背負うくらいなら、はじめからそんなことしなきゃいいのです。自分がよほど狡猾であることの自信でもなければ、なおさらです。

倫理性なるものを優先したがために、ときには正直者がバカを見るようなこともあるかもしれません。ただし、それは一時的なことに過ぎないのです。長期的に見れば、バカ正直に生きる方が信頼を得られ、結果的にもうまくいく可能性が高まるはずなのです。人間というのは信用を置ける人間と付き合いたいと願う生き物であるためです。

では、具体的にどのような人が倫理的に優れた人なのでしょうか。いかなる行為が倫理的評価に値するのでしょうか。ここまでの話から、すでに結論は予測できるのではないでしょうか。それは利己的ではない行為、より正確には、利己的ではない動機に発した行為ということになります。本節冒頭の引用文はそのことを語っているのです。

人間というのは不思慮や感情に従って動いている限り、傾向性によって自分にとって都合の良い方向に傾いてしまうものなのです。それに歯止めをかけるには、つまり、自身の欲求によって動くのではなく、倫理的に振舞うためには、理性を駆使する必要があるのです。より具体的には理性に発する意志の働きが不可欠なのです。強い意志が自分自身を主体的に非利己的に動かすことを可能にするのです。

引用文にあるように、カントはそのような非利己的な意志を「善意志」と呼び、そこに道徳的な善性を認めるのです。

「動機が利己的である限り、そこに道徳的善性は認められない。それは動機が非利己的である場合にのみ認められる」という命題は極めて明快であり、また、大枠において受け入れられるのではないでしょうか。

（※1）Ak V 93.

（※2）倫理に悖るやり方をする者の根底には「バレないだろう」という発想があることがあります。後からバレてしまうことがあることに加え、本当はバレているのに周りは言わないでいるだけ（ただ影でクソ味噌に言われている）というケースもあることを頭に入れておく必要があるでしょう。私はそのような保身的な周りの態度には感心しませんが、残念ながら現実には往々にして見られる事象と言えます。

⑤行為の普遍性

汝が、それが普遍的法則となることを欲するような行為原理に従ってのみ行為せよ。

Ak IV 421.

前節において確認したように、カントは非利己的で純粋な意志、すなわち、善意志からの行為のうちに道徳的な善性を見出すのです。

とはいえ、ただ「善意志から行為しろ！」と命じるだけではあまりに抽象的過ぎるでしょう。「意志さえ善ければ、行為はなんでもいいのか？」「善意志から人を殴りましたということでもいいのか？」といった疑問（批判）の声が聞こえてきそうです。

この疑問に答えると、動機が「私がやりたいから」「自分にとって都合がいいから」といった主観的なものに留まっていてはならないのと同様に、行為自体も主観的物差しに留まっていてはいけません。本節冒頭の引用文はそのことを説いているのです。そこでは小難しい言い方がされていますが、わかりやすく言い換えると、どのように振舞うかについて、単に自分の視点にのみに留まっているのではなく、普遍的な視点に立ち考えた上で、判断を下し、行動しろ、と言っているのです。

ここまでの話から、カントが普遍性を要求する論者であることがおわかりいただけると思います。ただ、この「普遍性」という語が多義的である点に注意が必要です。まず本節において触れた、行為の面での普遍性です。この行為の面における普遍性は、さらに二つの意味で使われています。ひとつは、ある行為原理をみんなが行為する事態を想定してみるということであり、もうひとつは、その世界がみんなにとって望ましいものとして判断されるということです。この二つの普遍性をクリアするということは、その行為原理は道徳法則に合致するということなのです。私たちは道徳法則に則って振舞うべきなのです。

　しかし、道徳法則をなしただけで、直ちにそこに道徳的価値が認められるということではありません。ここで前節において触れた、動機の面での普遍性が問われるのです。つまり道徳法則を、非利己的で純粋な意志、すなわち善意志からなすことであり、そこに道徳的な輝きが認められるのです。以上を踏まえてカントは、（行為の普遍性が関わる）道徳法則を、それが（動機が普遍性を持つように）道徳法則であることを理由として行為せよ、という言い方をするのです。（※1）

　人間は三つの素質を備えているということ、そして、そのうちの二つについてはすでに説明を加えました。それは「動物性の素質」と「人間性の素質」でした。ここで、最後に残った三つ目の素質の中身について見ていきたいと思います。――それは「人格性の素質」と呼ばれるものでした。それについて、カント自身が以下のように定義しているのです。

「それだけで選択意志の十分な動機であるところの道徳法則に対する尊重の感受性である」（※2）

　これまたわかりにくい言い方がされていますが、要するに、人間というのは感情的な側面があり、自分勝手に振舞おうとする衝動があるものの、同時に理性的な側面も持ち合わせ、それが道徳法則を尊重し、それがために行動しようとする素質をも備えているということなのです。つまり、この「人格性の素質」こそが道徳的善を可能にするのです。

（※1）Vgl. Ak V 159.
（※2）Ak VI 27.

⑥徳福一致の理念

最高善というのは、道徳性と幸福という双方の側の協力によって得られるのではなく、道徳性の側からのみ我々に可能なのである。

Ak VIII 279.

カントは「最高善」という理念を想定しています。それはひとりの人間のうちで、単に道徳的な善だけではなく、幸福も実現している状態のことです。しかし、それは引用文にあるように、道徳的善と自身の幸福を両方追い求めたり、ましてや、自身の幸福だけを追求することによってその両立が実現するのではありません。あくまで道徳的善を実現した結果として、自身の幸福が後からついてくるものなのです。

道徳的に善なる行為とは、自身の幸福を求めた行為であってはならないものの、そのことは道徳的に振舞える人間が幸福から遠ざかっているのではなく、むしろ、それに近づく可能性を高めていることになるのです。その理由については、すでに簡単には触れていますが、ここに改めて、そして、新たな視点も交えて、簡潔にまとめておこうと思います。

本章2節において、手持ちのお金が増えるものの倫理的には悖る選択肢と、手持ちのお金は減るものの倫理的には称賛に値する選択肢がある場合、直感的には前者が自身の幸福に資するように思えるかもしれないが、実際には逆の結果になる可能性があることについて言及しました。その流れで本章4節において、道徳的善を積極的になせる人は人間として高い評価を得る、結果的にそれがその人の幸福に結びつく可能性を高めるという話をしました。ただし、あくまで可能性の話で、必ずそうなるというわけではありません。

加えて、もしその者が道徳的善を積極的になせる分、道徳的悪を犯すことが稀であるとすると、倫理面で足をすくわれる可能性が低くなることになります。それだけ他者の信用を失ったり、嫌われたりするリスクが減るということです。ただ、こちらも必ずそうなるということではなく、たとえば、誤解されることによって、望ましくない結果になってしまうこともあるでしょう。

他方で、確実に言えることもあります。もし自身の行為が自愛に由来していないのであれば、自愛が苦しみの原因となることはないということです。先ほどから出ている大学入試の例に絡めて説明すると、仮にある若者が倫理学という学問を修めて、善く生きること、延いては社会に貢献することを倫理的な義務と見なして大学受験に挑むとします。それ自体は倫理的にすばらしいことです。しかし残念ながら受験に失敗してしまうことも考えられるわけです。それでも本当に、非利己的な善意志から行為できていたのであれば、つまり本当に「自分が○○大学の○○学科に行きたい」「自分が幸せになりたい」という感情に駆られているのでなかったら、受験に失敗したとしても卑屈になることはないはずなのです（もし卑屈になってしまうようであれば、私はそこに利己性があったことを疑わざるをえません）。ましてや、「人々のため」「社会のため」といった思いがあったのであれば、嫉妬、忘恩、他人の不幸を喜ぶ気持ちが湧いてくる、そして、人々であり、社会を恨む方向に向かってしまうということにはならないはずなのです。

カント倫理学はこれまで、自身の幸福を追求する行為に道徳的価値を認めないため、そこにのみ焦点を当てられる形で、あまりに禁欲的で厳格過ぎる理論と見なされ、酷いものになると、道徳的善をなすものは必ず不幸になる（誰がそんな倫理学説に従うのだ！）という論調で批判されてきました。しかし、そこには多分に誤解が含まれているのです。少なくともカント自身は、最高善の理念を念頭に、道徳性と自身の幸福は究極的には一致すると考えています。そこでは「徳福一致」が前提されているのです。（※1）

ちなみにカントは、自らの倫理学の立場について以下のように述べています。「そのため道徳論は本来、いかにして我々は自身を幸福にならしむべきかの説教ではなく、いかにして我々が幸福に値するようになるべきかの説教なのである」（※2）本当に幸福になれるのかどうかはわかりません。しかし少なくとも幸福に値するような生き方、つまり、倫理的に恥じない生き方は、本人が「やろう」と意志しさえすればできるはずなのです。また、そうすべきなのです。

（※1）一般的には「福徳一致」と言われることが多いのですが、カント倫理学の建てつけでは、「徳」が先にあるはずなので、私は「徳福一致」と表現します。
（※2）Ak V 130.

⑦人格の役割

> 汝は汝の人格、ならびに、あらゆる他人の人格における人間性を常に目的として使用し、決して単に手段としてのみ使用しないように行為せよ。

Ak IV 429.

カントは普遍的な視点に立って考えるべきことを要求します。もう一度引用すると、それは「汝が、それが普遍的法則となることを欲するような行為原理に従ってのみ行為せよ」と表現されるのです。ここではその定式を「普遍化の定式」と呼んでおきます。

加えてカントは、本節冒頭の引用文にあるようなことも述べているのです。こちらは「普遍化の定式」より理解しやすいのではないでしょうか。つまり、人を単なる手段としてのみ扱うのではなく、人格として尊重すべきことを説いているのです。ここではこのような定式を「目的の定式」と呼んでおきます。この定式は人間という存在との向き合い方について述べており、そのためとりわけ本書のテーマである対人関係に関して非常に重要な示唆を示してくれると言えます。

カント自身が「普遍化の定式」は「目的の定式」を含むという言い方をしています。（※1）実際、他者を手段としてのみ見なし、扱う、という行為原理は普遍的な視点からも許容されえない、つまり、「普遍化の定式」に鑑みても許されないだろうからです。

ここで誤解してほしくないことは、この定式が戒めているのは、ただ手段としてのみ見なすということであり、部分的に手段として扱うことではないという点です。（本書のテーマに絡めて言うと）友だちに助けを求めること、親が子供に自らの夢を託すこと、部下に仕事を任せることがダメなのではなく、友だちを自分を助けてくれる便利屋であるかのように、子供を自分の所有物であるかのように、部下を仕事をこなしてくれるロボットのように見なし、扱うことを戒めているのです。（※2）

カントに言わせると、人間というのは誰かのために手段として存在しているのでも、何かの役に立つから存在しているのでもないのです。もし「役に立つから」ということで存在価値が認められるのであれば、役に立たなくなった途端にその人間の価値もなくなってしまうことになります。そんなことはないのです。一個の人間というのは、有用性の有無に関わらず、その存在自体が価値を有するのです。

ここで、どこか他人事のように受け止められてしまうと嫌なので、もっと踏み込んだ言い方をします。カントは、そして私はここで、読者であるあなたの存在自体が有用な人間であるかどうかにかかわらず無条件に尊いと言っているのです。

以上が人間関係についての各論に入る前に必要となる、カント倫理学についての最低限度の知識ということになります。ここまで読み進めてきて、読者のみなさん（特に、それまでまったく事前知識を持ち合わせていなかったような人）は、どのような印象を持ったでしょうか。難しかったでしょうか。

なぜ私がこのような問いを発するのかというと、一般にカントの思想は、高度に抽象的で、非常に難解だと思われているためです。あくまで私の目を通したカント倫理学ですが、それでも、もしみなさんのうちに、ある程度でも理解でき（たと思え）、さらに共感できる部分があったとすれば、著者としては冥利に尽きます。そこを足掛かりに、さらに自分で考えてみてほしいと思います。

（※1）Vgl. Ak IV 421.

（※2）もし人格を部分的にすら手段として用いてはならないなどと言い出したら、現実の人間関係などほとんど成り立たなくなってしまうでしょう。カントはそんなこと言っていないのです。

第1章　友人関係

カントの生涯を記した伝記（※1）はいくつもあるのですが、その決定版と言われている『カント伝』を記したマンフレッド・キューンは、カントの社交性について以下のように述べています。

「カントの場合特有なのは、生活のなかに友人との交際が大きな位置を占めていることだったと思われる。カントは、非常に社交好きだった。カントは決して、今日多くの人が思い描くような、孤独で浮世離れした、多少なりとも風変りな人物ではなかった」（※2）

世間的にはカントという人物に対して、自らの殻にこもって研究ばかりしていた堅物であるかのようなイメージがあるのです。（※3）しかし、キューンはそういったイメージを否定し、カントが非常に社交的な人間であったことを伝えているのです。

カントの社交性に関わる有名なエピソードとして、イギリス出身の商人ジョセフ・グリーンとの関係が挙げられます。カントはグリーンの家を毎日のように訪ねていました。

キューンは二人の関係性について以下のように述べています。

「二人の友情は決して『感情』にもとづく関係ではなく、『原則』にもとづく関係であ

った。それは単に『美的な』友人関係ではなく、『道徳的』な友人関係であった」（※4）

このキューンの言葉の深い意味について現段階ではよくわからないかもしれませんが、本章を読み進めていくなかで徐々に明らかになっていくはずです。（※5）

（※1）本書では主に、キューンの『カント伝』と、カントの生前に彼の身近にいた三人（ボロウスキー、ヤッハマン、ヴァジヤンスキー）によって書かれた伝記『カントその人と生涯』を参照します。なお、ボロウスキーとヴァジヤンスキーについてはカタカナ表記に多少の揺れがあるのですが、ここでは先述の著作の表記に従います。

（※2）キューン（2017年）、529頁。

（※3）そのようなイメージが独り歩きしてしまった原因については後ほど（第4章）触れます。

（※4）キューン（2017年）、312頁。

（※5）カントの社交性に関して、もうひとつエピソードを挙げれば、グリーンの死後にカントの自宅ではじまった集まりを挙げることができます。カントはお昼時に友人を招き、長いときは四、五時間も会話をしていたといいます。これもまたカントなりの考えがあって催されていました。その考えについては後ほど（第4章）明らかにします。

①親切について

私の幸福についての考えに即しては、親切を施すことができない（未成熟な子供や精神障害者たちを除いて）。むしろ私が親切を示そうと考えている当の人の考えに従って〔はじめて〕親切を施すことができるのである。無理に私が贈り物をその人に押し付けてみても、実際には私は親切を施したことにはならない。

Ak VI 454.

うちの小さな子供は、毎日のように幼稚園やその帰り道に拾ったどんぐりを私にくれます。

正直もらっても困るのですが、本人にそう言うわけにもいかず、毎回「ありがとう」と言って受け取ります。私はそこに子供の「やさしさ」を見出すからです。小さな子供は相手が本当にそれを必要としているかどうかなど考える力が十分にはありません。だからその子供の行為を「親切」と表現して何ら差し支えないでしょう。

また、子供というのは褒められれば、その褒められた部分を伸ばそうとするものです。私は子供のうちにある、人のために何かをしようとするその姿勢を決して忘れないでほしいと思っています。

他方で大人は他者の立場に立って考えるだけの十分な理性が備わっています。だから大人が拾ったどんぐりを誰かにあげても親切を施したことにはならないのです。「相手が何を欲しているのか相手の立場に立って考えるべき」という言明は、「普遍化の定式」の内容とも重なります。

カントは「普遍化の定式」について、それは「自らあらゆる他人の立場になって考えること」（※1）を含むという言い方もしています。そして「あらゆる他人」のなかには、当然、「自分の目の前にいる他人」も含まれるわけです。

とはいえ、たとえ相手の立場に立ったとしても、相手の欲しているものが必ず正確にわかるというわけではありません。

しかし、ここで「さて、困った」となる必要はありません。重要なことは、相手が本当に欲してることの「正解」にたどり着けるかどうか（結果）ではなく、相手の立場に立って考えたという事実（過程）です。（※2）たまたま相手の期待する物をプレゼントできたら「親切」、不運にも相手の意に反する物を贈ってしまった場合には「不親切」という話ではないのです。序章においてカントの発想に触れた読者であれば、すでに予想できるかもしれません。カントが関心を寄せるのは、利己性の有無でした。引用文にあるように、カントは無理に贈り物を押し付けることを戒めるのです。この部分の動詞は「aufdringen」（※3）というもので、ここには「自分の都合を押し通そうとする」というニュアンスがあります。つまり、他者のためではなく、自分がしたいから、そして、その利己的な感情が相手に伝わってしまっているとすれば、それを「親切」と形容するのに抵抗感が生じるのです。他者が喜びそうなことをする場合、自分に利益があるからそれをするのか、それとも、そういった打算がなく（とも）するのか、自問してみるとよいのではないでしょうか。

（※1）Ak VII 228.

（※2）このあたりの話は道徳法則の導出のあり方とも被ります。「普遍化の定式」によって、私たちはいかなる行為原理が普遍的な視点から望まれうるか、考えることが求められるのです。しかし、それは現実にみんなが望ましいと判断する「正解」にたどり着けなければならないという話ではありません。現実にはどのように振舞うべきか判断に困るような事象はいくらでもあり、むしろ、倫理性が問われる状況というのは、たいがいそのような判断に窮するような場面であり、そこですべての人が賛同するような規範が存在するなどということがそもそも考えにくく、ましてや、そこに至ることができなければ道徳的善をなすことができないということではないのです。

（※3）今日のドイツ語では「aufdrängen」になります。

②友情について

人々の間での友情は、人々の間での義務であるということ、これは容易に理解される。

Ak VI 469

このようにカントは、友情について、それが義務であると述べています。しかし、友情が義務であるというのは、実はよくわからない言明と言えます。というのも、友情というのは感情であり、感情というのは「持とう」と意志したからといって、湧いてくるようなものではないだろうからです。

ではカントは、そもそも「友情」というものについてどのように理解しているのでしょうか。以下の文面が定義に近いものと言えるでしょう。

「友情とは、（それが完成した形において観られる限り）二つの人格が相互に等しい愛と尊敬によってひとつに結びつくことである」（※1）

ここでカントは、友情には愛と尊敬が必要であると言っているのです。すると疑念はさらに深まるのではないでしょうか。愛や尊敬というのもまた感情であり、やはり「持とう」としたからといって持てるようなものではないように思えるからです。

実はカント自身が、愛や尊敬について、それらが感情に属するものであり、自身でコントロールするようなものではないことを認めているのです。

「愛は、感覚の事柄であって、意欲のそれではないから、私は愛そうとしたからといって、ましてや愛すべきである（愛へと強制されている）からといって、愛することができるわけではない。従って、愛するという義務は実在しない」（※2）

私たちは誰かを愛そうとしたからといって愛せるものではありません。そのため、誰かを愛すべきという義務は存在しないのです。

尊敬についても同じです。

「尊敬もまったく同様に、単なる主観的なもの、すなわち特殊な感情であって、（それを引き起こしたり、促進したりすることが義務であるような）ある対象についての判断ではない」（※3）

尊敬もまた感情であり、持ったり、持たなかったりといったことを自ら判断するようなものではないのです。

愛や尊敬というのは感情であり、自分の意志ではどうにもできないのであれば、それらを必要とする友情を持つようにコントロールすることもまたできないことになるのではないでしょうか。だとするとカントの説明は破綻していることになるのではないでしょうか。

いえ、カントの言っていることが破綻しているという（身も蓋もない）話ではもちろんありません。ここで押さえるべきことは、愛や尊敬には確かに感情という側面があるものの、理性的な側面もあり、カント自身もその存在を想定しているという点なのです。まずは理性的な愛について見ていこうと思います。

（※1）Ak VI 469
（※2）Ak VI 401.
（※3）Ak VI 402.

③愛について

ここでの愛は、（感受的）感情であるとは――すなわち他人の完成を喜ぶ快感としても、好感という愛としても――解されえない。

Ak VI 449.

この説明だけでは具体的な姿は見えてきませんが、ただカントが感情的ではない、理性的な愛を想定し、それについて語っているということは読み取れると思います。

もう少し詳しく見ていこうと思います。カントは先の引用文の後で以下のように続けます。

「人間愛（博愛）は、ここでは実践的なものとして考えられ、従って人間に対して懐く好感という愛として考えられているのではないから、能動的好意のうちに置かれなければならず、それゆえ行為原理に関係している」（※1）

理性的な愛とは、「人間愛」や「博愛」と言われ、能動的に行為原理に関わるものとされているのです。

さらに補足説明すると、感情としての愛から直接行動に出るとすると、たとえば、好きだから相手に対してしつこくつきまとうとか、相手を拘束するといったことにもなりかねないのです。感情としての愛は人を盲目にさせるのです。（※2）だからカントは、感情としての愛をそのまま野放しにしておくのではなく、理性的な愛によって抑制的に行為すべきであると言うのです。

では、理性的な愛とは、具体的にどのような愛のことなのでしょうか。カントは以下のように説明します。

「他の人々に対して、その人々を好むと好まざるとにかかわらず、自分たちの能力に応じて親切を施すことは義務である」（※3）

もし感情のみによって動くとすると、自分の嫌いな人や、関心のない人が助けを必要としていても、（感情に変化が生じない限り）体は動かないことになります。ここに感情としての愛の限界があるのです。そこで体を動かすには、理性を用いて自らを駆り立てる必要があります。私たちは主観的な理由によってではなく、つまり、自分が相手を好きであるかどうかに関わらず、関心があるかどうかに関わらず、もちろん、自分に見返りがあるかどうかにも関わらず、困っている人に救いの手を差し伸べるべきなのであり、それをカントは「愛の義務」と呼んでいるのです。

カントは「愛の義務」について、もうひとつわかりやすい例を挙げているのでここに紹介しておきます。

「道徳的に考えるならば、ある友人が他の友人の欠点を当人に気づかせるということは

確かに義務である。というのは、そうすることが、必ずや当人のためになることであり、それゆえ愛の義務だからである」（※4）

好き好んで相手の欠点を指摘する人などあまりいないでしょう。普通はそんなことをしたいとは思いません。しかし、自身の感情を横に置いて、理性的に考えてみれば、相手の改善すべき点についてわかっているのに、それを伝えないというのは、筋が通らないということになるでしょう。そのためカントは、そこで友人に働きかけるのは倫理的義務であると言うのです。

ただ、このような言明にたとえ納得できたとしても、同時に、ここに難しさがあることもまた認めざるをえないのではないでしょうか。というのも、仮にこちらが相手のことを思って発言したとしても、伝え方や言い方を誤ると不幸な結果となってしまうことが容易に想像できるからです。カント自身も、相手への苦言が、尊敬の欠如や監視、延いては、侮辱と受け止められてしまうリスクについて言及しています。（※5）

このような危惧を前に、カントによる以下の言葉がヒントになるかもしれません。

「友人の若干の欠点が指摘されねばならない場合、私は友人の功績を卓越させ、一般的

な非本質的な彼の欠点を示し得るならば、友人もこれを悪く思わないだろう」(※6)

カントは具体的な例を挙げていないのではっきりとしたことはわかりませんが、私のなかに思い浮かんだのは、いつかの私自身と友人との間のやりとりです。

彼から受け取るメールには普段から、誤情報やら誤字脱字やらといったミスが多かったのです。私は正直「もっとちゃんと調べてから、自分の書いた文章もしっかり読み直してから送ってほしい」と思いました。しかし、それをそのまま口に出すのでは、角が立ちます。そこで私は考えたのです、そもそもなぜ彼のメールにはこんなにもミスが多いのかと。そこで彼の性格や言動から察することができたのですが、彼はなるべく早く返事をすることが相手に対する配慮であり、逆に、返信に時間がかかるのは失礼だと思っていたようなのです。

そこで私が彼に伝えたのは、彼の考え方自体は決して間違ってはいないということ、ただ焦って返信した結果、誤った事実を伝えてしまい、それによる悪影響が出ることも考えるべきなのではということです。それを聞いた相手は納得し、感謝しているようにさえ見えました。

とはいえ、これはたまたまうまくいったケースの話であり、明らかに失敗だったケースも（いくらでも）あります。ここに難しさがあることは確かなのです。このテーマについては後ほど、第3章において改めて取り上げることにします。

（※1）Ak VI 450.
（※2）Vgl. Ak VI 471; vgl. Ak VII 253.
（※3）Ak VI 402.
（※4）Ak VI 402.
（※5）Ak VI 470.
（※6）メンツァー（1968年）、294頁以下。

④尊敬について

愛は引力として、尊敬は斥力として、観ることができるから、引力の原理が接近を命じるとすれば、斥力の原理は相互に適当な隔たりを保つよう要求することになる。

Ak VI 470.

カントは理性的な愛の存在を認めるのと同様に、理性的な尊敬の存在を想定しています。そして、それは相手との距離を保つものとされているのです。この意味での尊敬、すなわち、理性的な尊敬というのは、実際にその人を尊敬するかどうかとは別の話です。(※)

感情的な愛にしろ、理性的な愛にしろ、ともかく愛というのは人と人とを近づけるものと言えます。そのためカントは、それを「引力」と表現するのです。しかし近づくだけでは、実際のところ関係性は成立しません。四六時中一緒にいる（仕事やトイレにまでついてくる）、お互いのプライバシーを一切認めない（メールや通話もすべてオープン）というわけにはいかないでしょう。このような方向に向かって失敗するのは友人関係よりも、恋人関係の方に多いと思います。友人関係にしろ、恋人関係にしろ、人間というのは両者が近づき過ぎてしまうとうまくいかないのです。

私たちは人間それぞれに、人格があり、自由があり、決して他人の持ち物ではないのです。そのことを勘案すると、お互いがある程度の距離を保つことの必要性が看取されるはずです。意図的にその距離を保とうとするのが理性的な尊敬であり、それをカントは「斥力」と表現するのです。

この尊敬に関しては、「普遍化の定式」や「目的の定式」と絡めて説明することもできます。まず「普遍化の定式」との関係で言えば、他者と適度な距離を取るべきこと（束縛しない、プライバシーを守る）ということは、道徳法則に合致すると言えるでしょう。反対にそれを犯すことは道徳法則に反するのではないでしょうか。また「目的の定式」に鑑みても、他者は目的それ自体として存在しているのであり、その人格は尊重されるべき（つまり、どこまでも立ち入って良いわけではない）ものなのです。

別人格の人間同士がうまくやっていくには、引力としての理性的な愛と、斥力としての理性的な尊敬との適度な均衡が不可欠なのです。

（※）カントは、尊敬について、「たとえ隣人がわずかしか尊敬に値しないとしても、同様にすべての人に対する必然的な尊敬」（Ak Ⅵ 448）というものを想定しています。前者は実際に尊敬できるかどうかという感情的な意味であり、後者は実際にその人が尊敬できるかどうかに関わらず、一般に妥当する理性的な意味を持つのです。

⑤共苦について

この世において禍を増すことが義務でありうるなどと言うことは不可能である。従って、共苦の感情から親切を施す義務もありえない。

Ak VI 457.

この引用文の文面はカントによるものですが、ここではまず、カントと対照的な立場に立つショーペンハウアーの言説について紹介したいと思います。

彼は、人間の衝動を三つに分けます。それは、①自分自身の快を欲するエゴイズム、②他者の不快を欲する悪意、③他者の快を欲する共苦の三つです。（※1）三つ目にある「共苦」ですが、これはドイツ語原文では「Mitleid」と表記され、日本語ではしばしば「同情」と訳されますが、語源的には「共に」を意味する前置詞「mit」と、「苦しむ」を意味する動詞「leiden」の合成語であり、そのニュアンスが伝わるよう、ここでは「共苦」という表現を使用します。ショーペンハウアーはこのような共苦に発する行為、すなわち、他者の苦しみを自分の苦しみとして受け止めて動けるところに（のみ）道徳的価値を見出すのです。

他方で、カントに言わせれば、共苦というのは、感情としての愛や尊敬と同様に、湧かそうと試みて湧いてくるようなものではありません。つまり、ここには自由の余地がないのです。そのため、共苦の感情を持つこと自体も、そこから行為することも、義務たりえないのです。本節冒頭の引用文はそのことについて言及しているのです。

そもそもショーペンハウアーという人物は、感情に限らず、理性においてすら、一切の自由を認めない論者なのです。つまり、「決定論者」なのです（過去から現在、そして未来にかけて、出来事が予め決定しているという立場に立つということ）。カントであれば、自分の力ではどうすることもできない領域に道徳的善意が認められることなどありえないと言うはずです。

では、カントという人は、共苦の感情に肯定的な役割を認めない、関心を一切払う必要のないものと見なしているのかというと、そういうことではありません。彼は共苦について以下のように述べているのです。

「他人の苦しみを共にすること、そして、また歓びを同じくすることは、それ自身としては義務ではない。ただ、私たちのうちに宿る共苦の自然的（感覚的）感情を陶冶し、それを道徳的原則、および、それに即応する感情にもとづく同情への仲立ちとして利用するということは、やはり他人の運命に能動的に共感することであり、それゆえ結局のところ間接的な義務である」（※2）

共苦の感情は「持とう」と意志したからといって持てるようなものではありません。

そのため直接的には倫理的義務たりえません。しかし、それは倫理的義務に間接的に資するものであるため、「間接義務」と呼ばれるのです。（※3）そのため、それを持つこと自体は義務になりえません。しかしながら、それを陶冶すること、すなわち磨き上げることは理性によって可能なのです。

では、具体的に私たちに何ができるというのでしょうか。カントは以下のように答えます。

「生活に必要なものを欠いている貧しい人々のいる場所を避けて通るようなことをせず、むしろ、そこを訪問すること、また、抑えることのできない苦痛の共感を回避する目的で、病室や罪人を収容している監獄などを見捨てないことは、義務である」（※4）

たとえば、病気の知人がいるとします。その知人と距離を置いていては、彼がどのような状況にあり、何を感じているのか、私が想像するのは難しいでしょう。つまり、私は何をしてよいのかよくわからない、そのため、結局何もしないということにもなりかねないのです。

反対に、病気の知人と積極的に関わることで、そうでない場合に比べて、私は彼の状況をより理解し、共感することができるのではないでしょうか。そして、その結果として、自分が何をすべきかより明確に自覚することができるのではないでしょうか。

ただし、繰り返しになりますが、共苦の感情から衝動的に動くようでは、そこに自由はなく、道徳的考察も判断もなく、そのため道徳的価値も見出せません。そうではなく、まさに引用文にあるように、私たちには、共苦の感情を仲立ちとしながらも、理性的に事を運ぶ姿勢が求められるのです。

要するに、立場の弱い人に積極的に寄り添い、共苦の感情を抱く機会を作りながらも、決して感情に支配されることなく、理性的に考慮し、決断し、振舞うことが期待されるのです。

（※1）ショーペンハウアー（1973年）、325頁参照。
（※2）Ak Ⅵ 457.
（※3）共苦感情の陶冶が義務と考えるよりも、そのための機会を作るように努めることが義務である（その結果として共苦感情が陶冶される）と考えた方がわかりやすいかもしれません。
（※4）Ak Ⅵ 457.

⑥信頼について

（感性的友情から区別された）道徳的友情とは、二個の人格が自分たちのうちに秘めていた判断や感情を相互に打ち明け合う――それが双方からの相互の尊敬と両立しうる限り――という形での両者のまったき信頼によるのである。

Ak VI 471.

この引用文の文面はこれまでの話に沿う内容のものですが、ひとつ新しい情報としては、周りには言えないようなことを言える関係性についての言及です。つまり、それだけ信頼関係が築けているということです。これは感情だけからは築けないとカントは考えているのです。（※1）

カントは、誰しも本当は言いたいけれど、なかなか言い出せないことがあるものだと言います。なぜ言い出せないのかというと、口に出したことによって不利益を被る可能性があるからです。

カント自身は政治や宗教を例に挙げています。当時は国家による検閲制度があり、下手なことは言えなかったのです。今でも政府や宗教に批判的なことを言うと、直ちに不利益が生じるような国や地域が存在します。今の日本では国家単位ではそんなことはありませんが、個人間であれば自分の悩みなどについて伝えたことによって不利益が生じることは十分にありえるわけで、そのためその都度私たちは、そもそも伝えてよいのかどうか、もし伝える場合、どう伝えるべきなのか、熟慮するわけです。

そこで「この人であれば打ち明けてもいいだろう」と思えるためには、その相手が理性的であり、道徳的であることが垣間見られている必要があるのです。そのことをカントは以下のように表現するのです。

「友情とは、相互の利益を目指している結びつきではありえない。むしろ、この結びつきは純粋に道徳的なものでなければならない」（※2）

友情が利益にもとづくものでないというのは異論の余地はないでしょう。「あいつと一緒にいると利益があるから」というのは友情でも何でもありません。そのような態度は、他者を自分の利益のために利用しているに過ぎないことになります。「目的の定式」にも反します。

反対に、単に感情から動くだけではなく、理性的に、そして、道徳的に振舞うことができる人間のもとには、自然と人々が集まって来るのではないでしょうか。つまりここには、真の友情には理性であり道徳的善が必要であるのであり、また、理性であり道徳的善が真の友情を引き寄せるという、相関関係が認められるのです。

友人関係を扱った本章の最後ということで、ここまでの話をまとめると、確かに、感情そのものであり、そこから衝動的に動くところに道徳的価値はなく、また、それは暴走につながる恐れがあるため、決して推奨はされません。（※3）しかしながら、感情に否定的な役割しかないということではなく、そこには肯定的な役割も認められるのです。たとえば共苦の感情については、それがきっかけとなって道徳的善に結びつく可能性があるのです。ただし、その場合も、決して感情に囚われてはならないのであり、感情をきっかけとしながらも、理性的に考え、判断し、振舞うことが求められるのです。

つまり、相手が好きであろうと嫌いであろうと関係なく、道徳的根拠を理由に接するべきなのです。

本章を最後まで読んだところで、私が本章冒頭に引用したカントの伝記を記したキューンによる、カントとグリーンの関係性について表現した文面を思い返してほしいと思います。それは、彼らの関係は決して感情のみにもとづいておらず、原則にもとづいた道徳的な友人関係であったというものでした。

ここにキューンの言葉が強い納得感を持って迫って来るようであれば良いのですが、いかがでしょうか。

（※1）なぜなら、他人の秘密を知った場合に、それを利用しようとする人々や、秘密にしておくべきかどうかについてそもそも深く考えない人々がいるためです。どちらも感情に流された、理性を欠いた行為として説明できます。Vgl. Ak VI 472.

（※2）Ak VI 470.

（※3）ポール・ブルームは現代心理学の観点から、共感感情から行為することの危険性を指摘し、むしろ合理的な思考力にもとづき行動すべきことを説いています。例えば、ある実験によれば、恵まれないある少女に共感を寄せた結果、彼女を過度に優先し、まったく見知らぬ同じ境遇の人が不利益を被るといったことが起こりうるのです。ブルームは「（感情的な）共感」を問題にしていますが、これを「（感情的な）愛」に置き換えることもできるでしょう。ブルーム（2021年）、108頁以下参照。

第2章　親子関係

カントは一三歳のときに母親を、二二歳のときに父親を亡くしましたが、両親との思い出は、すばらしいものであったようです。カントの伝記を書いたボロウスキーは、カントから直接聞いたこととして以下のように記しています。

「私は何度カントの口から、『私は両親から下品な言葉を聞かされたり、卑しい行いを見せつけられたりしたことは一度もなかった』という言葉を聞いたことであろう。また彼は『両親の思い出は私にはこれまでいつも楽しいものであったし、現在でもそうであるが、とりわけ今のような時代では、私と同じように後日、両親の思い出を楽しめるような幸せな子供はほんのわずかなものだろうと思う』と告白している」（※）

私がこの（ボロウスキーの証言する）カントの言明のなかで、とりわけ興味深いと思うのは、彼が「今のような時代ではほんのわずかなものであろう」と語っている点です。というのも現代を生きる私自身が人から、親との思い出が心の傷やトラウマになっている話を聞くことが少なくないからです。今も昔も、人が抱える苦しみに大きな差異はないのではと感じるのです。

では、そのような心の傷やトラウマを抱えることなく、子供が成長できるには、親はどのように振舞うべきなのでしょうか。カントはその指針を示してくれているので、以下に見ていきたいと思います。

（※）ボロウスキー、ヤッハマン、ヴァジヤンスキー（1967年）、16頁。

①自分の子供は自分の所有物ではない

ここ〔＝教育〕には二つの障害がある。（一）両親が一般に子供が出世することだけを気にかけることであり、そして、（二）君主が臣民を自分の意図のための道具のようにしか見ないということである。

Ak IX 447f.

私は、カントのこの言葉が、今の日本社会に向けた言葉であるかのような錯覚を覚えるのです。というのも今まさに、日本の政府は学校教育を通じて、私たち国民を自分たちの都合のいい道具に仕立て上げようとしているように見えるからであり、（※）また、自らの子供の出世のことばかり考えている親は現にたくさんいるだろうからです。

私の学部生時代にA君という学友がいました。彼はまじめで、頭が切れる、優秀な学生でした。ただ、なぜか彼はいつも自信なさげにしていたのです。

A君はそれまで真面目に大学に来ていたのですが、ある日を境に急に大学に姿を見せなくなりました。「いったいどうしたのか？」と気になりはじめた頃に、彼の携帯電話から着信がありました。電話に出てみると、彼のお母さんを名乗る人からだったのです。彼女の話によると、A君は何も言わずに、もう何日も家に帰っていないというのです。つまり、彼は失踪してしまっていたのです。携帯電話も家に置きっぱなしで、A君の母親は電話帳のなかにあった番号に手あたり次第掛けているところだったのです。

私は何も知らないし、思い当たる節もなかったので、有益なことは何も言うことができませんでした。A君の母親と会話したのはせいぜい二、三分だったと思います。しかし、私はその短い会話のなかで、A君が失踪してしまった原因の心当たりがついてしまったのです。――彼女はこちらが聞いてもいないのに、「あんなに勉強ができるのに……」「県下一偏差値が高い高校に通っていたのに…」「大学では特待生だったのに……」といった言葉を並べてきたのです。私は電話を切った途端に「ああ、この人が自分の母親じゃなくてよかった」「こんなことばかり聞かされたら逃げ出してしまいたくなるな」と感じたのでした。そして自分でそう思って、「はっ」としたのでした。

それから数日後、A君は公園で路上生活者のような状態でいるところを発見されました。病院で検査を受けた結果、うつ病と診断されました。しばらく大学を休学した後、次第に回復していき、大学にも顔が出せるまでになっていきました。

私は機を見て彼と話してみたところ、彼の口から出てきた言葉は、まさに私が感じたとおりのことだったのです。つまり、幼少期からの彼女の言葉のひとつひとつが彼を苦しめていたのです。

自分の息子が優秀で、結果を残し続ければ、母親としては鼻高々でしょう。しかし、息子は母親の自己満足や虚栄心を満足させるために存在しているのではありません。カントの表現を用いると、人間というのは誰かの手段として存在しているのではなく、目的それ自体として存在しているのです。お互いにその自覚が欠けていると、自分をコントロールしようとしている人間の支配下にあるうちは無批判に従うことができるかもしれませんが、その呪縛は徐々に、しかし確実に解けていくものなのです。それが完全に解けてしまった後には、拠り所のない、自分が何のために生きているのか自分でもわからない、心に傷を負った一個の人間がたたずむことになってしまうのです。

私は誰にもA君のような経験をしてほしくありません。この責任は彼のうちにではなく、間違いなく彼の受けた教育のうちにあるのです。

（※）秋元（2022年）、第2章「道徳教育」参照。

②競争の意味

両親は、子供の教育に際して他人の子供に負けないようにと競争させることによって、我が子をよい行いに向かわせようとはしないように注意しなければならない。この注意を怠れば、我が子のうちに悪意ある羨望が生じ、競争の模範として示された者を恨むようになり、その相手を罠にかけようとするようになるからである。

メンツァー（1968年）、277頁

前節においてカントが、親の子供への出世だけを気にかけるような態度を戒める言葉を紹介しましたが、この引用文でも似たことが語られていると言えます。子供に競争させることの弊害が語られているのです。（※1）

というのもカントという人間は、物差しを常に自分自身のうちに置く論者であるためです。他方で、競争というのは必ず対他者なわけです。他人と比べて、勝っているか、それとも、劣っているか、という話です。なんとも中身のない話です。

A君は根がまじめであったために、親の期待に応えようと頑張った、それも自分の限界を超えて頑張ってしまったのです。しかし、そのうちに耐えきれなくなり、心が折れてしまったのです。カントは、このように他人によって律せられている状態を「他律」と呼びます。もっとも他人が働きかけたことであっても、自らが理解し、納得しているのであれば、必ずしもそれは他律とは言えません。しかしながらA君の言葉で印象に残っているのは、「何のために勉強しているのか急にわからなくなってしまった」というものです。これは、彼が他律状態であったことを示す言葉と言えるでしょう。A君がその好例で、学校のお勉強ができることと、その意味を理解できていることは、まったく別のことなのです。

A君は他律状態であったものの、心のやさしい奴であったために、マイナスの感情が外に向うようなことはありませんでした。しかし、本節冒頭の引用文にあるように、競争のなかで嫌悪の感情が芽生え、それが相手に向かっていた危険性もあったのです。このことは、すでに話した「人間性の素質」に関わってきます。人間というのは他人と比較されると、その比較対象に対して容易に嫉妬、忘恩、他人の不幸を喜ぶ気持ちを抱いてしまうものなのです。

私自身、長い間大学にいて、基礎学力は高いであろう、いわゆる研究者と言われるような人たちと接してきました。自分が研究者になれたのだから、親には感謝しても良さそうなものですが、自分の親のことを悪く言う人が多いことに驚かされるのです。いや、自分の親の異常性に気づく判断力があれば、まだマトモなのかもしれません。なかには明らかに度を越した価値観の押しつけ、学歴偏重主義的な扱いを経験している話をしながら、話している本人はそれにどっぷり浸かってしまって、何らの違和感も抱いていないという事態に出くわすことがあるのです。そして、そういう人に限って、まさにカントの挙げる、嫉妬、忘恩、他人の不幸を喜ぶ気持ちといったマイナスの感情を無意識のうちに抱えてしまっている、そして、それが原因で苦しんでいるように見えるのです。

　親が子供を自らの価値観や希望を満たしてくれる手段としてのみ見なすようなことは、「目的の定式」に反しており、道徳的に許容できることではありません。そして、まさにカントの言うとおり、「この誤謬は、後に子供の心に深く根を張る」（※2）のです。その頸木から一生逃れられないということにもなりかねないのです。

　このような状態、つまり、他律の反対概念として、カントは「自律」という概念を立てます。自分で自分を律することができる態度のことです。ただ、自分で立てたルールに従うことが直ちに自律というわけではありません。カントが動機の質を問う論者であることについてはこれまでに何度も繰り返し論じてきました。この自律についても同じです。単に利己的な理由で動いているのであれば、それは自律とは言えないのです。

　カントは「人間」の同義語として、しばしば「理性的存在」（ein vernünftiges Wesen）という表現を用います。彼が「自律」という場合の「自」というのは、己の肉体のことを指しているのではなく、感情のことでもなく、理性のことを指しているのです。理性的な存在者であるところの私が感情を超克して理性的な根拠によって、つまるところ、自律的に振舞うことができて、はじめて道徳的善が可能になるのです。

（※1）ちなみに2022年に自殺した小中高生の数は（これだけ少子化が進んでいるのに）最多でした。原因としては「学業不振」「進路に関する悩み（入試以外）」「入試に関する悩み」の順で挙げられています。つまり、外的には競争ばかりさせられて、内的には自分の将来を思い描くことができない点に起因していると言えるでしょう。そんな状態にあれば、耐えきれなくなってしまうのも無理ありません。https://news.yahoo.co.jp/articles/92ae07a85bdf25e4805a456bfe36a4f1bfe75cea（2023年3月30日最終閲覧）読売新聞オンライン「昨年の子どもの自殺、過去最悪の512人…4割が男子高校生」（「ヤフーニュース」2023年2月28日）。

（※2）メンツァー（1968年）、278頁。

③考える力を伸ばすために

教育における最大の問題のひとつは、〔外的である〕法則的強制に服従することと、〔内的である〕自分の自由を使用する能力とを、どのようにして結合できるかということである。なぜなら強制は必然であるからである。私はどのようにして、強制において自由を強化するのか。私は被教育者に自由に対する強制に堪える習慣をつけてやるべきであり、また同時に、彼ら自身を指導して、自分の自由を立派に用いるようにさせなければならない。

Ak IX 453.

家庭内にしろ学校にしろ社会にしろ、人の集まるところには、決められたルールというものが存在します。子供がそのようなルールを守ること自体は望ましいことと言えるでしょう。

ただ、「そのルールを破ると怒られるから、やらない」というのは、先の引用文にある表現を使えば、「(外的である) 法則的強制に服従」している状態と言えます。つまり、他律です。そして、自分の損得勘定が土台にあるため、そこには道徳的価値は見出せません(しかし、このことは直ちに道徳的悪を意味するわけではありません)。(※1)

これに対して、カントの先の引用文にある表現を用いると、「(内的である) 自分の自由を使用」できる状態は、自律の状態と言えます。なぜカントはここで「自由」という表現を使うのかというと、それは他者や利己的な感情に流されている時点で、まったくもって自由ではないためです。自律の状態というのは、他人の目があろうとなかろうと(他人から自由であり)、また、利己的な感情があろうと(利己的な感情から自由であり)、自らの判断で主体的に動けることなのです。自律的な人間のみが、道徳的善をなすことができるのです。

では、どのような教育が、そのような自律であり、道徳的善でありといったことを積極的になすことのできる人間を形成することにつながるのでしょうか。

前節において、親が子供を自らの価値観や希望を満たしてくれる手段としてのみ見なすことの弊害について触れましたが、価値観や希望を反映させること自体を戒めているわけではありません。そもそも価値観や希望をまったく欠いた教育など想像することの方が難しいでしょう。親は子供に何らかの働きかけをしなければならないのであり、そこには必ず価値観や希望が反映されるものなのです。

しかし、その働きかけが度を過ぎると、子供が自律に至る妨げになることは容易に想像できます。つまり、ここではバランスが重要になるのであり、そこに難しさがあるのです。カントはそれを先の引用文にあるように、「教育における最大の問題」と表現しているのです。

前章において、理性的な愛としての引力と、理性的な尊敬としての斥力のバランスの重要性についての話をしました。これは親子関係においても当てはまります。つまり、親にも考えがあり、理念といったものがあるでしょう。それを教育に反映させることは決して非難されるようなことではなく、むしろ、積極的に取り組むべきことと言えます。しかし、それは決して押し付けであってはならないのです（押し付けてしまうと、後から弊害が出てくる可能性が高くなるのです）。そのためカントは「教育は強制を伴うものでなければならないが、決して奴隷的であってはならない」（※2）と釘をさすのです。とはいえこの説明だけでは、まだ抽象的過ぎると言えるでしょう。次節において、より具体的な方法論に話を進めていきます。

（※1）もう少し正確に言うと、カント研究者のなかにも、動機が利己的であるというだけでそこに道徳的な悪性を見出す人が（それなりに）いますが、私はその解釈には与しないということです。

（※2）Ak IX 472.

④ソクラテス流の教育

理性の陶冶に関しては、ソクラテス流でなければならない。

Ak IX 477.

この引用文だけ見せられても、何を言いたいのかよくわからないと思います。以下に説明していきます。

ソクラテスとは古代ギリシャの哲学者であり、対話することを重視し、実際に街中で人を捕まえては対話をしていました（それが原因となって、人々の反感を買い、処刑されてしまいました）。そのソクラテスが用いた対話の方法というのが、産婆術と呼ばれるものでした。これは産婆が、子供を産む女性を横でサポートするがごとく、ソクラテスは対話相手が自分で自分の意見を導き出すまでをサポートしたのです。具体的には彼は決して自分の考えを押し付けるようなことはせずに、基本的に質問することに終始し、結論は相手の口から出るように仕向けたのです。

たとえば、なぜ勉強するのでしょうか。この問いにまともに答えられない状態では、その先に行き詰る可能性が高くなります。反対に、この問いにしっかりと答えられるのであれば、挫折しにくいと言えるでしょう。

また、勉強をした先にどのようなビジョンを思い描いているのでしょうか。例えるなら、どこの大学に行って、何を専攻（研究）して、何の資格を取って、その後何になるのか（何の職業に就くのか）といったことです。このようなビジョンがしっかりしていればしているほど、当然のことながら、貫徹できる可能性は高まるわけです。

この辺りの話は、近年注目されている心理学者のアンジェラ・ダックワースが提唱する「グリット」（grit）、すなわち「やり抜く力」についての理論にある程度絡めて論じることができます。（※1）

彼女は上位の目標、そこから付随するいくつかの中位の目標、またそこから付随するいくつかの下位の目標を設けることを説きます。これら下位から上位にかけて、すべて「なぜ」と「〜のため」の関係でつながっているのです。たとえば、「毎日朝と夜に二時間勉強する」という下位の目標があります。それはなぜなら、「医学部に入る」という中位の目標があるからです。そしてそれはまた「医者になる」という上位の目標から来ているのです。

ただ私はこのようなダックワースの立場に完全に同意しているわけではありません。彼女は上位の目標の具体例として、「医者になる」とか「NBA選手になる」といったことを挙げており、それらは中位や下位の目標を貫くため、「哲学」と呼ばれるのです。（※

2）

しかし私に言わせれば、先のような上位の目的に哲学はありません。なぜ医者になりたいのか、なぜNBA選手になりたいのか、という根本的な問いについての考えが欠けてしまっているからです。（※3）

ただ、それがあるにしても、たとえば「人から優秀だと思われたいから」だとか、「有名になりたいから」といった利己的な理由しかないとしたら、やはりここには「甘さ」が残ってしまうと思います。そうではなく、これが「自分が小さいときに医者に命を救われたので、自分も将来そういう医者になりたい」だとか、「小さいときにNBAで活躍する○○選手を見て生きる希望を持つことができたから、自分も子供に希望を与えられるような選手になりたい」といったものであったとしたら、どうでしょうか。これらの理由には、他者に貢献する意志が含まれています。だとすれば、これらは容易には崩れないのではないでしょうか。

要するに、これ以上遡ることができない問いに対する根拠があり、しかも、それが感情由来ではなく、理性に発しており、純粋で非利己的であれば、それを貫徹できる可能性は高くなるはずなのです。

私自身の話をすると、小さい頃から自分の能力の低さは自覚していました。何をしても、いくら頑張っても、ミスばかりしていたのです。謙遜ではなく本心から、自分はまったく誰からも評価されていないし、これからもされないだろうと思っていました。

それが、大学で倫理学を勉強するようになって、カントという人物が人の内面に関心を寄せ、評価することの重要性を説いていることを知ったことによって、変わることができたのです。それからは、自分自身がこのすばらしい思想をもっと深く理解したい、そして、多くの人に伝えられるようになりたいと思うようになったのです。

私は日本で修士課程を終えた後、ドイツのカント研究所に移り、カント協会会長のもとでカント倫理学をテーマに博士論文を書きました。その後もそこに残り、細々とですが研究を続けているのです。そして、みなさんは今まさに、その私の研究成果を目にしているのです。

博士号を取ったり、大学で教鞭を執ったり、商業出版ができたりといったことは誰もができることではないことは重々承知しています。ただ、私がここまで来られたのは、私に特段の才能や能力があったからではありません。むしろ、その面ではおそらく平均以下でしょう。しかし、重要なところはそこではないです。私はカント倫理学に救われました。だから、今度は私が人を救う側に回りたいのです。その気持ち（意志）が私を突き動かしているのです。（※4）

自分が何のために生きており、何をすべきなのか、それを本人が気づくことができる、（その結果、多くの人が自身が立てた目標に近づける）そういう教育がもっとなされるようになればと思っています。

（※1）ダックワース（2016年）、86頁以下参照。

（※2）ダックワースは上位の目標として中位や下位の目標を貫徹するものとして、「つねにより良い方法を考えてものごとに取り組む」というものを挙げています。これはいわば考え方に関するものであり、また、誰しもに当てはまるものと言えます。他方で、話が進んでくると、「医者になる」「NBA選手になる」といった例が出てきます。しかし、これらは職業に関するものであり、また誰しもに当てはまるものではありません。

（※3）哲学科にいると、たとえば、「『純粋理性批判』を読んで、理解したい」と訴える人たちに出くわします。彼らは、それを上位の目的として、中位や下位の目的として具体的な計画を立てるのです。しかし本文に記したように、『純粋理性批判』を読んで、理解することそのものを最終目的にするような姿勢には私はあまり感心しません。哲学を欠いているからです。

（※4）私は、このような（ダックワースの用語で言うところの）上位の目的から、さまざまな中位や下位の目標を立てていました。そのひとつがカント倫理学を理解することであり、そのためにドイツ語の力を高めることでした。学部生時代にはドイツ語を学ぶ仲間がいたのですが、その多くが単にドイツ語が好きだからという（感情的な）理由で勉強していました。これでは動機として脆弱過ぎると言えます。彼ら彼女らの大半は日本で暮らし、ドイツ語にはほとんど、もしくは、まったく触れない生活を送っています。そして、そのうちの何人かはせっかく勉強したドイツ語がすっかり錆びついてしまったことを気に病んでいるのです。もうだいぶ前ですが、そんなうちのひとりが私に冗談交じりに「学生の頃は私の方がずっとドイツ語上手だったのに」と言ったのです。それは事実です。しかし、その関係が逆転し、その後に差がついたのは、目標設定の仕方に決定的な違いがあったからなのです。

⑤独断論に陥らないため

人間の理性は、ある種の認識について特殊の運命を担っている。すなわち理性が斥けることもできず、さりとてまた答えることもできないような問題に悩まされるという運命である。斥けることができないというのは、これらの問題が理性の自然的本性によって理性に課せられているからである。また、答えることができないというのは、かかる問題が人間理性の一切の能力を超えているからである。

A. VII.

哲学史のうちに「独断論」という立場があります。その名が示すように、独断的な論を張る立場のことです。砕けた言い方をすれば、わかりもしないことをわかっているかのような態度で断定的に論じることです。カント以前の哲学者と呼ばれる人々は、独断論が主流であり、本来は人間の認識能力では知りえない領域のことについて、たとえば、神だとか、死後の世界などについて、あたかも自らが見聞きして知っているかのような態度で語っていたのです。(※1)

ところがカントはそのような姿勢に異を唱え、私たちの理性には限界があること、そのため、それら(超越的な対象)を認識することなどできないことを説いたのです。これは当時としては実に画期的なことだったのです。

ここで「当時としては画期的であったとしても今の時代からすれば当然のことであり、今の私たちが学ぶことなどないのでは?」と感じた人がいるかもしれません。それはまったく違います。カント自身が人間による神の不可知性について述べたことと、本章のテーマである親子関係に絡めて言うと、安倍晋三元首相の暗殺後、世間で宗教問題が、そして、宗教二世の問題が騒がれるようになりました。神の存在を前提し、それを自らの子供に押し付ける親など（なかなか可視化されないだけで）現実にはごまんといるのです。

また、カント自身が言及し、神の存在以上に、私たちの周りに見られるのが、幸福についての決めつけです。序章1節において、何が自分の幸福に資するか自分自身でもわからないというカントの言葉を引用しました。ところが現実には、自分の幸福どころか、他人（自分の子供）に向かって、「〇〇でなければ幸福になれない」「〇〇でなければ不幸になる」などと言う親が、これまたたくさんいるのです。（※2）

カントという人は、人間というのはどうしても何かを思い込んでしまうことが避けられない存在であることを見通していました。彼は「仮象《かしょう》」という用語を使って、そのことを説明します。

仮象とは「仮りの象」、つまり、本当はそうでないのに、そう見えるもののことです。私たちは油断をしていると、ついついこの仮象に流されてしまうものなのです。これはしかし当然のことながら誤謬なわけです。たとえば、ある大学を卒業した人や、ある企業に勤めている人が幸せそうに見えたとしても、それはその人たちが実際に幸せであることを意味しないのです。そんなことは本来、私に言われるまでもなく、冷静に考えてみればわかっているはずのことなのです。ところが現実には人はしばしば見た目に流され、そのような思い違いを犯してしまうのです。

そういった誤謬を避けるためには、どうすべきなのでしょうか。カントは以下のように説明します。

「仮象が、理性との間の矛盾を通じて暴露されることがないならば、この仮象は真実を反映していないことが気づかれないままとなるであろう。けれども、それに気づかれることによって、理性はこの仮象に対して、何からそれは生じるのか、いかにすればそれは除かれうるのかを吟味するように強いられる。そうしてこのことはただ純粋な全理性能力の完全な批判によってのみ行われうるのである」（※3）

人が仮象に流されてしまう原因として、主に二つの可能性があると私は思っています。ひとつは、考えることそのものを怠ってしまうことです。なぜなら、その方が楽だからです。もうひとつは、一応考えるのですが、自分にとって都合の良い方向でしか考えないのです。しかし、どちらも自分勝手な態度であり、他人も巻き込みながら、そのツケは後から自分が払うことになるのです。それを避けるためには、先の引用文にあるように、理性による自分自身に対する批判的な吟味が必要になるのです。


（※1）もっともカント以降のドイツ観念論の論者も私に言わせれば大いに独断的ですが。

（※2）むしろ私がそこで疑うのは、口では「子供のため」「お前のため」とか言いながら、本当のところは、人よりすぐれた子供を持ったことを誇ったりする、利己的な感情があるのではないかということです。

（※3）Ak V 107.

⑥自ら率先する

カントは結局、彼のすべての考え方や生活の仕方を理性の規則に結びつけ、そして、もっとも些細な日常の事柄も、もっとも重大な義務と同様に、この規則に忠実であった。

ボロウスキー、ヤッハマン、ヴァジヤンスキー（1967年）、176頁。

子供に自分の頭で考えるべきことを説いておきながら、他方で、自分自身は大いに仮象に囚われている、他律的な態度で周りに流されてばかりいる、自分の価値観を人に押し付けようとしているようでは、その言葉は子供の心には響かないでしょう。というか、「子供ですら」と言うべきで、大人などは誰も聞く耳を持たないでしょう。

本節冒頭の引用文は、カントの助手であったヤッハマンの言葉です。彼によれば、カントという人は、自らが説いたとおりに行動したというのです。（※1）

カントが自らの原則としていたもののいくつかの具体例が彼の伝記に載っているのですが、ボロウスキーの報告によれば、カントは「言葉どおりに受け取らないこと——いかなる権威であろうとも、それに眼をくれないこと——自分の眼で見、そうしてあらゆることを徹底的に検討すること」（※2）という原則を持っていたといいます。カントは今でこそ哲学者、倫理学者という印象が強いですが、若い頃は自然科学に取り組んでいました。そして、それなりの業績を残していたのです。彼のデビュー作は物理学分野の内容のもので、デカルトとライプニッツの論争の調停を試みる内容でした。つまり、当時の若造であったカントも、デカルトやライプニッツといった「権威」に決して服従

するような態度はとらなかったのであり、そのことをボロウスキーは語っているのです。（※3）

それ以外にもカントは、たとえば、できる限り人に依存しないで生きるために、決して借金はしないようにしただとか、（※4）自分の健康を保つために、運動すべきことや、（※5）一日一本しかパイプを吸わないといった、（※6）さまざまな原則を自らに課していたのです。

他方で世の中には、言っていることと、やっていることが乖離している人間がたくさんいますし、倫理学に携わっている人たちのなかにもいます。しかし、人がどうあるべきか語っておきながら、実際の生き方にはまったく活かされているように見えない、それどころか、自らの言っていることに明確に反して行動しているようであれば、自分の言っていることを自身で否定しているのに等しいでしょう。少なくともカントはそのような生き方はしませんでした。（※7）

本章ではここまで、親子関係をテーマに、子供への接し方について云々してきましたが、そんなことは実は表面的な事柄に過ぎないのであり、それよりも本質的なことは、なにより自分自身が行動で示すことなのです。それができていれば、子供は親から自然と、自分がどうあるべきかについて学ぶはずです。そして、その大人から発せられる言葉も自ずと的を外したものにはならないはずなのです。（※8）

本節冒頭にカントの助手であったボロウスキーの言葉を引用しました。主要な箇所だけでもここにもう一度紹介すると、カントの両親はカントの前で下品な言葉を使うことはなかったし、卑しい行いをなすこともなかったというものでした。親自らが行動で示すことが、子供に対するもっとも効果的な教育なのです。

（※1）師匠（カント）に対する着色が含まれていることを疑う人がいるかもしれませんが、ヤッハマンはカントに対して否定的な発言もしているので（たとえば第4章1節）、多少はあるかもしれませんが、決して極端に美化しているわけではないでしょう。

（※2）ボロウスキー、ヤッハマン、ヴァジヤンスキー（1967年）、98頁。

（※3）この点は、第3章6節の「哲学を学ぶこと」と「哲学をすることを学ぶ」の違いの話にもつながります。

（※4）ボロウスキー、ヤッハマン、ヴァジヤンスキー（1967年）、174頁参照。

（※5）ボロウスキー、ヤッハマン、ヴァジヤンスキー（1967年）、63頁以下参照。

（※6）また次章の冒頭で触れる、カント自身が自身の柔軟性を保つために、様々な立場の人と積極的に接したというエピソードもそこに加えることができるでしょう。

（※7）とはいえ、カント倫理学とは内面に関心を寄せ、評価するものであるため、彼が本当に道徳的善を（どの程度）なしたのかという点について断定することはできないことになります。

（※8）これは大人と子供の関係に限らず、次章のテーマでもある仕事の人間関係、とりわけ上司と部下の関係についても当てはまります。

第3章　仕事の人間関係

前章では親子関係をテーマに、基本的には親の視点から子供に接する術について考えてみました。本章では仕事の人間関係をテーマに、基本的に上司の立場から部下に接する仕方について考えてみたいと思います。

ここには、これまでの話から応用できる部分があります。たとえば、人間関係には適度な距離が必要であるという話をしてきました。これは仕事においても同じです。また、上司には部下の（社内）教育という重要な役割があります。そこではソクラテス流の対話術が有効となるでしょう。

2節以降は新たな論点の導入になります。具体的には第2節では、自ら考えることを怠って、理屈を後づけする態度、すなわち、結果論をかざすことの問題性について話をします。

第3節では、やろうとすれば必ずできるはずのことと、やろうとしてもできない場合があることの線引きを設けることの重要性について論じます。

第4節では、できることとできないことの線引きに関連して、どこにどれだけの責任があるのか意識を払うことの必要性について取り上げます。

第5節では、部下の判断が誤ったものに見えたとしても、必ず評価すべきところはあるはずであり、そちらにも目を向けるべきという話をしていきます。

その流れで第6節では、他者に伝えるべきことと、その伝え方について考えてみたいと思います。

①相手の欠点が目に入った場合

相手を管理する立場にある者は、相手の欠点を指摘しなければならない。〔中略〕しかしこの場合には、好意ある心情のやさしさと、相手に対する尊敬とが際立って輝いていなければならない。

メンツァー（1968年）、297頁以下。

部下の行動によって腹が立つこともあるでしょう。感情とは自然に湧いてくるものであり、コントロールすることはできません。腹が立ってしまうのは仕方のないことと言えます。しかし、それをそのまま表出してよいかどうかというのは話が別です。（※1）もし部下に「あの上司は感情的である」と思われてしまったら、その時点で、上司としてはまずいでしょう。

では、感情を表出させないようにするにはどうしたらよいのでしょうか。カントは冒頭の引用文にあるように、「好意ある心情のやさしさと、相手に対する尊敬とが際立って輝いていなければならない」と述べています。これは第1節で扱った内容に絡めて考えるとわかりやすいかと思います。「好意ある心情のやさしさ」の部分を引力である「理性的愛」として、「相手に対する尊敬」を斥力である「理性的な尊敬」として理解するのです。馴れ馴れし過ぎるのもよくないし、あまりにぞんざいな態度もよくない。そのバランスを保つことが必要になるのです。

私は昔、あるアルバイト先で店長自らアルバイトの人たちにおかしなあだ名をつけて、私を含めた他のアルバイトの人たちの前で馬鹿にしている姿を見せられたことがありました。そのときに、この人には一緒に仕事してくれている人への尊敬の念（※2）が完全に欠けてしまっている、と感じたのでした。

また、バランスに関して言えば、伝え過ぎてもいけないし、伝えなさ過ぎてもいけないという論点を挙げることができます。そのバランスをとるために有効となるのが前章において取り上げた、ソクラテス流の対話術なのです。

他人から言われたことは理解できるかどうかという問題や、理解できたとしてもそれが心に届くかどうかといった問題が出てきます。他方で、自分で考え、導いたことであれば、それは直ちに自らの心の奥底に響き、自分自身を強く縛るのです。そのためには上司は「答え」を与える必要はないのです（そもそも「答え」って何だ？　という話です）。そうではなく、与えるのは問いであるべきであり、するべきことは、部下が自分で気づくためのサポートに徹することなのです。そして、部下が導いた帰結については、尊重することが求められるのです。

前章の最後に、親が自らが率先して行動することが、子供にとっての最大の教育であるという話をしました。会社内の上司と部下の関係においても同じです。上司である自分が部下（の意見）を尊重する姿勢を示すことによって、部下は他者を尊重する姿勢を学び、行動に移すことができるのです。

ところが、私自身は残念なことにこれまでこちらが挨拶してもまともに挨拶しない、何かをしてもらっても「ありがとう」と言えない、自分がミスをしても「ごめんなさい」も言えないような上司たちに接してきました。

そういった人たちは、本来人の上に立つべきではないのです。

（※1）Vgl. Ak VI 463. カントは心のなかで思うことと、それを実際に口に出すことの間に決定的な違いを見出すのです。

（※2）実際にその人は、アルバイトの人を感情的に尊敬できていないのでしょうし、加えて、突き放し過ぎており、つまり、理性的な尊敬も欠いていると言えるでしょう。

②人を評価する基準

善意志は、宝石のように、まことに自分だけで、その十分な価値を自身のうちに持つものとして光り輝くのである。役に立つかとか、あるいは成果がないといったことは、この価値に何ものも増さず、この価値から何も減ずることもない。

Ak IV 394.

カントは動機、それも非利己的で純粋な善意志のうちに倫理的価値を見出す論者であることはすでに何度も述べてきました。そこから導かれる必然的帰結として、行為が善意志に発している時点で、その行為の善性は確定するということです。そこからもたらされた結果によって、倫理性が認められたり、認められなかったりすることはないということです。カントは結果論を排除するのです。

要するにカントという人物は、倫理的な善し悪しと、結果の良し悪しを明確に区別するということです。私自身はこのようなカントの見方は非常に重要であり、有益だと思うのですが、しかし残念ながら今日あまり意識が払われていないように感じるのです。日常生活において私たちは、「結果がすべて」だとか「結果よければすべてよし」などという言明を耳にします（私自身が何度も言われたことがあります）。

しかし、このような言明が内容的におかしいことは少し考えればわかるはずなのです。たとえば、人を騙して大金をせしめることができた（つまり結果が伴った）としても、それが倫理的にすばらしいことでないはずです。（※）反対に、見返りを求めずに人助けを試みたものの結果的にはうまくいかないことが起こりえます。この場合に動機の善

結果に属する	結果の良さ
	運の良さ
過程に属する	考え方の良さ（妥当性）
	取り組む姿勢の良さ（努力）
	道徳的な善さ（善意志）

さすら認めないという人がいるのでしょうか。なかにはいるかもしれません（実際に私は数人が思い浮かびます）。しかし、人の内面に関心を払わない、評価もしない、そして自分の目に見える結果や数値にしか物事の価値を認めないような人間をはっきり言って私は軽蔑します。

道徳的善し悪しと、結果の良し悪しというものはまったく別物であり、それらは個別に評価されるべきものなのです。この二つだけではありません。それ以外にもさまざまな事柄、たとえば、運の良し悪し、考え方の妥当性、取り組む姿勢の是非などがあるのであり、本来それらは別個に評価されるべきものなのです。

これらの事柄を区別せずに、結果のみに拘泥していたら、行為の評価を正確に下すことなどできません。もし会社の上司がそのような視点を持ち合わせていないとすると、その弊害は末端の一社員の場合とは比べ物にならないことになります。

仮に部下のしたことで過程には改善の余地があるのに、運よく結果が伴ってしまった場合に、そこで上司が結果だけを見て喜んでいたら、部下の改善すべき点はそのまま等閑視され、部下は何も学べないことになります。反対に、部下のしたことで過程には評価すべき点があるのに、運悪く結果が伴わなかったからといって、やはり上司が結果しか見ずに部下を結果論で罵倒するとすれば、部下はやはり何も学ぶことができないことになります。やる気も削がれるでしょう。上司がそんな態度では、結局のところ誰のためにもならないのです。

自分が人の上に立つ立場であるならば、自分の目に見えるもの（仮象）のみに囚われていてはいけないのです。結果以外にも、さまざまな観点があることを自覚し、それらを個別に評価した上で部下に接する、きめ細かい姿勢が求められるのです。

（※）さらに言えば、「結果」というのも、どの時点で判断するかということによって変わってくるのであり、その意味でも曖昧で恣意的なものと言えます。他方で、善意志はそれが発動した時点で、その道徳性は確定するので、この点で明確と言えるでしょう。

③やろうとすれば必ずできること、できるとは限らないこと

> （この人生において）完全性に向かって努力することは確かに義務であるが、達成することは義務ではない。

Ak VI 446.

この引用文で言われていることは、先ほどの節の内容、つまり、結果には偶発性が絡むという話とも重なっています。

カントはこの引用文の前後で、自身の能力というのは伸ばそうとしたからといって必ず伸びるわけではないという話をします。能力が伸びるかどうかは結果の問題です。必ず偶発性が絡んできます。いくら頑張ったとしても、能力が向上する保証などありません。だからカントは、「能力を伸ばさなければならない」という義務は存在しないと言うのです。他方で彼は、しかしながら「能力が伸びるよう努力する」という義務は紛れもなく存在すると言います。なぜなら、努力することは、能力や運に関係なく、「やろう」と意志しさえすれば必ずできることであるためです。

また、意志するのに、特別な才能や能力は必要ありません。それを行使する権能は誰もが有しているはずなのです。道徳的善のために必要なことは善意志でした。つまり、道徳的善も努力と同様に、誰もが意志しさえすれば必ず実現するものなのです。カント曰く、「道徳とは、無条件に従うべき命令を示した諸法則の総体であり、すでにそれだけで客観的な意味における実践であり、人間はこれらの諸法則に従って行動すべ﹅き﹅なの

結果に属する	結果の良さ	できるとは限らない
	運の良さ	
過程に属する	考え方の良さ（妥当性）	
	取り組む姿勢の良さ（努力）	必ずできる
	道徳的な善さ（善意志）	

である。だから道徳という義務を認めておいて、後からそれに従うことができないと言うならば、それは明らかに矛盾したことである」（※1）

このようにカントは、一度自らが義務と見なしたものについては、必ず遵守できるはずであることを説いているのです。ただし、この箇所にはある種の批判がつきまとってきました。それは、「すべきことがわかっていても、それができないこともあるのではないか？」というものであり、そして、「それでもできない場合は直ちに本人の義務違反というのは厳し過ぎるのではないか？」というものです。

しかし、私見によれば、ここでのカントの主眼は逆であって、できもしないものを義務と見なすべきではないという点にあるのです。先の引用文の直後に続く、以下の文面を目にすれば、そう読むのが自然であることが看取されると思います。

「いかなる人も、自らの能力を超えたことに対しては、義務を負わさ

れることはない」（※2）

カントはここで、できない人を非難したいのではなく、できなくても道徳的な落ち度とは見なされないことを説いているのです。「義務」とは、しなければならない事柄について言うのであり、自分の能力を超えたものをそう見なすべきではないのです。

先ほどから言及しているように、結果の良さとはその典型であり、そこには必ず運が絡んでくるために、良い結果を残さなければならないという義務は生じえないのです。これら（つまり、結果と運の良し悪し）は結果に属します。また、考え方の妥当性というのは過程に属するものの、それが妥当な場合とそうでない場合がどうしても出てきてしまいます。私たちはこの、やろうと思えば必ずできることと、やろうとしたからといって必ずしもできるわけではないものとを明確に区別すべきなのです。

上司が部下に接する場合も同様です。たとえば、仕事ができない、努力もしない人間に向かって、「なぜ努力しないのだ」という言明であれば、具体的で意味のある言明となります。他方で、努力しているのに、うまくいかないからといって、「なんでこんなこともできないんだ」と言ったところで、言われた方はどうしようもないのです。自分が上司で部下に接するのであれば、やろうとすれば必ずできることと、やろうとしたからといって必ずできるわけではないことの区別をすべきなのであり、それをせずに正確な評価であり、具体的なアドバイスなどができるわけがないのです。

（※1）Ak VIII 370.
（※2）Ak VIII 370.

④自己責任論について

帰責の度合いは自由の度合いに左右される。

メンツァー（1968年）、80頁。

「お前が自分で決めたことだろ」という言葉を聞きます。これはつまり、「お前が自分で決めたことなのだから、責任はお前のうちにある」ということを含意しているわけです。しかし、私はそう簡単に言い切れるものではないと思うのです。

私は現在ドイツに住んでいますが、別に立派な理由があってそうしているわけではなく、もともとはドイツで博士号を取得した後は日本の教育機関（大学や高校など）に就職したいと思っていたのですが、いくら応募しても、まったく職にありつけなかったのです。そんな中、薄給で短期契約でしたが、ドイツで非常勤職が見つかり、無職よりはマシだという程度の思いで、ドイツで仕事をはじめました。そして、そのままドイツに居座っています。

しかし、非常勤講師などひどい扱いです。私はかつて、自分が住んでいる町にある大学と、もうひとつ、そこから500キロ以上も離れた大学で仕事をしていたことがありました。一カ所だけでは生活できないので仕方ないことだったのです。ただ、遠距離通勤のために不都合なことが度々起こりました。

たとえば長期休暇の際には、他のみんな（彼らはみんな大学がある町に住んでいる）

もやっているからという理由で、電話番や郵便受けのチェックを頼まれたのです。それにより、そのなかでもっとも稼ぎの少ないなかのひとりであるはずの私（だけ）には片道八時間の移動時間、その交通費、宿泊代が重くのしかかったのです。

学期中には授業を終えて帰ろうとしたタイミングで、突然会議を入れられたこともありました。そのため事前に買ってあった電車のチケットが無駄になり買い直す羽目になったのです。

そういった不都合なことがあれば、こちらは異議を唱えるわけですが、その度に「契約を結んだ時点で遠距離通勤になるのはわかっていただろ」「自分で決めたことだろ」などと言われました（つまり、私たちは悪くない、お前が悪いんだ、ということ）。下手に食い下がると、「来学期から来ないでいいよ」と言われてしまうので、自重せざるをえません。どのみち非常勤職の多くは契約期間というものがあります。そのため私は長い間、契約期間満了と新規の非常勤職の獲得を繰り返す綱渡り状態で生活していました。自分の専門から多少離れていても、条件があまり良くなくても、「仕事があるだけマシ」という時期が長く続いたのです。

別に私は自分の苦労話を聞いてほしかったわけではなく、ただリアリティーを持たせるために自分の経験談を話しただけで、何が言いたかったのかというと、実質私にはあれこれと選ぶ選択肢などなかったということです。

無職か条件の悪い職場の選択肢しかなければ、当然後者を選ぶわけです。それ以外の選択肢などないに等しいのです。そこで私の自由は著しく制限されていたと言えます。だとすれば、その責任もそれだけ少なく見積もられるのです。カントはそのことを以下のように表現します。

「ある行為について、多くの困難を克服したのであればあるほど、行為の功績は増大し、他方で、行為の自由が制限されていたのであればあるほど、責任の度合いはそれだけ減少する」（※）

私の周りを見回しても、就職氷河期であった私の同年代の多くは、本来はやりたかったわけではない仕事に渋々就くというパターンが大半でした。正社員になれただけで御の字という空気だったのです。しかし、やりたい仕事を選んだわけではない、加えて、買い手市場であったため企業側の態度は横柄になりがちであり、彼らの離職率は当然のように高くなります。彼らだって一度（早々に）退職してしまえば、再就職が簡単ではないことなどわかっていたのです。それでも、そうせざるをえなかったのです。

彼らの多くは今、非正規や派遣社員の地位にあり、非常に経済的に苦しい状況にいます。（事情も知らずに、というか、知ろうともせずに）「自分で決めた就職先だろ」「自分で退職を決めたんだろ」「自分で不安定な職を選んだんだろ」などとは言えない、言ってはいけないのです。

カントが本節冒頭の引用文において語っているとおり、自由というのは決して、百かゼロ、白か黒ではないのです。そこには程度の差があるのであり、それがどの程度であったのかということを分析することなしに、責任の程度などわかるはずがないのです。人の上に立つ立場にあるのであれば、その点にも関心を払って、慎重に言葉を選んでほしいと思うのです。

そもそも、どの組織であろうと基本的に地位が上であればあるほど自由があり、責任を負わなければならないはずなのですが、私が属していた組織では、往々にして逆であり、地位的にも年齢的にも下の人間が責任を負わされる（罪を擦り付けられる）という事象を度々目にしてきました。そんな上司に人望が集まるはずもなく、組織が機能するはずもないのです（実際に後になって私の耳に、そういった組織の否定的な評価が聞こえてくるのです）。

※メンツァー（1968年）、81頁。

⑤完全な間違いなどないと思うべき

> 人間の悟性が陥りうるすべての誤謬は単に部分的なものであって、どんな誤った判断のなかにも、常に何か真なるものが存するはずである。

Ak IX 54.

前々節において、やろうとすれば必ずできることと、やろうとしても必ずできるわけではないことの線引きの議論をしました。続く前節において、自由と責任の所在についての話をしました。もし部下ができるはずのことをしなかった場合や、また、誤りがあり、かつ、そこに本人の自由の余地がある程度認められるのであれば、上司にはそれを指摘する必要性が出てきます。この点については第1章3節において、愛の義務と絡めて触れました。相手の至らない点を指摘するには、気遣いが必要になるのです。それは友人関係であろうと、会社内での人間関係であろうと同じです。

それに関連して、カントは興味深いことを言っています。それが本節冒頭の引用文の文面です。彼は確かに世の中には「誤謬」と呼ばれるものがあるが、完全なる誤謬などということはまずないのであり、いかなる誤謬も部分的でしかないと言うのです。

ただ、ここで押さえるべきことは、これはあくまで「悟性」が介在した判断に限った話であるという点です。

悟性とは狭義には理性と感性の中間に位置する、また、広義には理性と同義の人間の上級思惟能力のことです。つまり、たとえば人の形に見えたものが実際には影であったとか、人の声に聞こえたものが単なる物音だったとかいったことは、ここでは想定されていません。そうではなく、あくまで人間が自分の頭で考えたことについて、一片の評価の余地のない完全なる間違いというものはありえない、その裏返しとして、必ずそこには真なる部分があるはずであるということです。（※）

私が学生の学期末試験やレポートを見ていると、なかにはすばらしいものもあります。しかし、非の打ちどころのない完璧な回答でありレポートなどといったものは基本的にはないと私は考えています。反対に、本当にどうしようもないものを目にすることもあります。それでも、評価できる点が何もないということもまた基本的にはないと思うのです。だからこちらは、どんなに良いものに対しても改善点を、問題ばかりのものに対しても評価できる点を一生懸命になって探すのです。

私は普段から学生には、学問的な姿勢とは一面的な見方をするのではなく、多面的に眺めて考える姿勢であると説いています。良いところしか見ないのも、逆に、悪いところしか見ないのも、一面的な視点と言えます。私自身が生徒を評価する際に、一面的な視点にしか立たないというわけにはいかないでしょう。生徒に対して、良い点については必ず伝えるようにします（褒めます）し、改善すべき点については、学生本人がそのことを気づいてくれるように促すのです（そこでは当然、ソクラテス流の対話を用いることになります）。

ところが私自身は、けちょんけちょんに言われて、それで終わり、といった経験が結構あります。

研究者というのは、学会誌に論文を投稿し、査読者といういわゆるレフリーが論文を雑誌に掲載するかどうか判断するのです。（それ以外の要素や抜け道もあるのですが基本的には）そのような手続きを経て、掲載された論文が多い人が大学で（定）職にありつけるというシステムになっています。論文が採用されるにしても、不採用になるにしても、たいていは査読者からコメントが返ってきます。私の場合、自身の能力のなさにその原因があることは認めますが、それにしても、そのコメントには否定的な言葉だけが並ぶというようなことが少なくないのです。リジェクトされた側の私が言うのもなんですが、「この査読者は学問的姿勢が身についていないな」と判断するわけです。

学問的な姿勢、すなわち、多面的な見方ができるということは、学問の世界に限らず、一般社会においても有効であることは容易に看取されると思います。仮に上司が部下の悪い点のみを（粗）探しして、指摘するような態度であれば、部下はやってられないでしょう。逆に、こちらのケースは稀だと思いますが、良い点しか探さず、指摘しないとしても、それはそれで危険と言えます。改善すべき点がそのまま放置されることになるであろうからです。それでは組織はうまくいかないでしょう。

一面的な視点にしか立たない話に関連して、会社等で一方の意見だけを聞き、もう一方の意見は聞かないまま、事実確認もされないまま判断（懲罰）が下るという事態を目の当たりにしたことはないでしょうか。私は他者がそういう憂き目に合った場に居合わせたこともありますし、自分自身がそれをされ、バイトをクビになったこともあります。はっきり言って、そういう姿勢の（つまり、学問的なスキルが身についていないような）人は、人の上に立つべきではないのです。

（※）カントが理性の権能についてどのように捉えているのかについて、この辺りで簡潔にまとめておきたいと思います。彼は一方で、それによって誰もが倫理的に何をすべきかわかるのであり、そして、それを必ずなすことができると説き、この点で彼は理性を非常に信頼しているように見えます。他方で彼は否定的な側面についても言及しており、理性には限界があり、認識できない領域があること、また、誤りを犯すものであることを認めているのです。それでも、完全なる誤謬というものは存在せず、そこには必ず真なる部分が含まれているはずであることを付け加えるのです。カントの理性に対する見立ては、過大評価でも過少評価でもなく、非常に秀逸なものとして私の目には映るのです。

⑥裸の王様にならないよう、させないよう

> カントは学生に向かって、「諸君は私のところで哲学を学ぶのではなく、哲学することを学ぶだろう。単に口真似をするだけの思想ではなく、思考することを学ぶだろう」と絶えず繰り返した。一切の盲従は、彼が心から厭うものであった。

ボロウスキー、ヤッハマン、ヴァジヤンスキー（1967年）、102頁以下。

この文面は、カントの元学生であり、彼の伝記を記した、ボロウスキーが書き記したものです。ここにあるようにカントは、「哲学を学ぶこと」と「哲学することを学ぶ」ことを明確に区別したのです。同様の論旨の発言は、カントのテキストのうちにもあるのですが、ここではより論旨のとりやすいボロウスキーの文面を紹介しました。

見てのとおり、カントに盲従して、口真似をするだけのような生徒の態度は「哲学を学ぶこと」と言い表され、非常に否定的に扱われています。対照的に、まさにボロウスキーが強調を入れているように、自ら思考することが「哲学すること」と表現され、それがあるべき姿として描かれているのです。

ボロウスキーはほぼ同様の趣旨のことを以下のようにも述べています。

「カントほどしばしば、しかも真剣にそれを戒めた教師は稀であるが、それにもかかわらず、カントには他のどの学者よりも、彼の学説を自分で吟味せずに、いたずらに盲従する人々が多かったようですが、疑いもなく彼はそういう亜流者を持つことを欲しなかった。自ら考えること――自ら探究すること――自ら立つこと――これらこそ常に何度となくカントの口から発せられた言葉であった」(※)

私はここに、カントの思想であり、姿勢でありが集約されていると心底思うのです。カントとグリーンの深い関係についてはすでに触れました。カントは主著『純粋理性批判』の全体にわたってグリーンが目を通し、批判的吟味を加えた上で、完成に至ったといいます。グリーンによる生産的な批判の目にさらされたおかげで、哲学史に輝く金字塔が完成したのです。

しかし（認識論が中心である）『純粋理性批判』に続く批判書である（倫理学を主題とした）『実践理性批判』については、カントはグリーンに目を通してもらうことができませんでした。彼はすでに亡くなってしまっていたのです。その後カントは、それまでのグリーンが担っていた、自分を厳しく批判してくれる人、つまり、哲学することのできる人間を求めていたのです。カントは生産的な批判が自分を成長させてくれることを知っていたからです。しかし（グリーンの死後）そのような人物は結局カントの前には現れなかったのです。

偉大な哲学者カントとその周りの人たちの関係も、上司と部下の関係も同じです。たとえ自分の方が地位的には低くとも、相手の改善すべき点が見えているのであれば、それは伝えるべきなのです。そして自分の方が地位的に高いのであれば、他の人が意見を言いやすい雰囲気を作ったり、自分から疑問を投げかけたりする態度が認められるのです。それができないような上司や組織は、先が見えていると言えるでしょう。

（※）ボロウスキー、ヤッハマン、ヴァジヤンスキー（１９６７年）、１０３頁。

第4章　一般的な人間関係

ここまで自分の頭で考えることの重要性について述べてきました。ただ、今の世の中では、それが難しくなってきているように私は感じています。その原因のひとつに、私たちが受け取る情報量の多さが挙げられます。ネットを開けば、そこはたくさんの知識や意見で溢れています。消化するのは大変です。しかも厄介なことに、自分がうまく消化できているのかどうか自分ではよくわからないものです。

典型的な事例を挙げると、インフルエンサーと呼ばれる人に心酔する人などは、皮肉を込めて「○○信者」などと言われたりします。それはその人が他人（教祖）が考えたことに乗っかっているだけであり、その他人（教祖）が言ったことをすべて真に受けて全肯定しているように見えるからでしょう。関連して、これまた皮肉交じりに「目覚めてしまった」などという表現も使われます。よく陰謀論にハマったり、急に右傾化する人たちを指して用いられます。

さらにネットは、単に情報が溢れているだけではなく、情報が偏っているのです。もう少し正確に言うと、アルゴリズムによって、どうしても受け取る情報が自分好みのものに偏ってしまうのです。よほど気をつけなければ、自身の考え方も自然と偏ってしまうことになります。ところが人はしばしば、それを怠ってしまうのです。そこに傾向性があるからです。「信者」になったり、「目覚めた」りしてしまった人たちは、自分が真理の側にいる気になれるので、居心地がいいわけです。そこに疑いなど挟みたくないわけです。

そういった利己的な感情から自由になるには、理性を用いて考える、それも自分にとって都合の良い方向にのみ考えるのではなく、自分にとって不都合な結果が出る可能性についても考えることが求められるのです。そのためには、特段の才能や能力そして知識も必要ありません。ただ誰もがそれを行使する権能を持つ「勇気」(Mut)と「決意」(Entschließung)さえ持てればそれでいいのです。この本来「やろう」としさえすればできることをしないことは、単なる「怠慢」(Faulheit)であり、そのためその不履行の責任は本人に帰せられることになるのです。(※)

本章では以上の問題意識から、一般的な人間関係、なかでも、今日とりわけ問題視されることの多い、SNSに絡んだ人間関係について積極的に触れていこうと思います。

(※) Vgl. Ak VIII 35.

①多様な人間と接すること

食卓の友を選択するには、彼は通例の原則の他、確かになお次の二つの原則に従っていた。第一に、さまざまな身分から選んだ。すなわち役人、教授、医師、牧師、教養ある商人や若い学生というように、これは談話を多様にするためである。第二に、彼の食卓友だちはすべて彼の同年代か、あるいはしばしば彼よりもずっと若い人々であった。

ボロウスキー、ヤッハマン、ヴァジヤンスキー（1967年）、258頁。

これはカントの伝記を書いたヴァジヤンスキーによる言葉です。グリーンの生前には、カントは毎日のように彼と顔を合わせていました。しかしグリーンの死後はそれができなくなってしまったわけです。その代わりとして、カントはお昼時に友人を招待して、議論をする機会を設けたのでした。引用文にあるようにカントは、そこで多様性を確保するためにできる限り様々な立場の人が参加するように意識を払っていたのです。（※1）

カントが「普遍化の定式」を掲げ、普遍的な視点、他者の立場に立って考えるべきことを説いたことは、これまでに何度も触れました。とはいえ現実において、自分の周りの狭い世界しか知らないのでは、その試みはどうしても制限的となってしまうでしょう。そうならないために有効となるのが、第1章5節において触れた、関接義務なのです。たとえば、金持ちとしか交流がなければ、貧乏人のことはよくわからず、いくらその立場に立ってみようと思っても、表面的にならざるをえません。それでは結局ピント外れのことを考えたり、頓珍漢なことをしてしまったりする、または、そもそも何をしていいかまったくわからず、そのため何もしないということにもなりかねないのです。

私たちにはそうならないように努める義務があるのです。つまり、より多様な人々と、とりわけ立場の弱い人々と積極的に接することが求められるのです。

さらにカントは、その人の職業や年齢にまつわる多様性のみならず、そこでなされる対話のテーマに関する多様性についても意識を払っていました。具体的なテーマとしては、天気、自然科学、政治、新聞記事の内容など、さまざまな内容についてやり取りがなされたのです。（※2）ただしカントは、あまりに専門的な話、とりわけ自身の哲学についての話は極力避けるようにしていたとのことです。（※3）そこには「専門バカ」にはならないように配慮があったものと思われます。彼はそうやって様々な立場の人と触れ合い、多くのテーマについてやり取りすることを通じて、人間としてのバランスを保っていたのです。

加えて、情報を仕入れ、それを自分が考える上での、そして、自らの思想に反映させるための材料としていたという側面もありました。

カントの伝記作家のひとりであるヤッハマンは、「死んだ活字よりも、むしろ生きた人間こそ、カントの入念な研究の対象でありました。彼の知識は書物による知識だけではなく、生活そのものからくみ取られたのでありました」（※4）と記しています。倫理学に携わっていながら、市井の人々から距離を置いて、大学や図書館や書斎に籠って仕事しているばかりであれば、世間一般の人々が抱える問題意識からズレることは避けがたく、それではいくら研究成果を発表したところで、世間一般の人々の心には響かないでしょう。現代の倫理学研究者たちに欠けている部分であると私は思っています。私自身も、そうならないように危機意識を持って、世間と距離を置いていないか、しばしば自分に問いかけるようにしているのです。

ただ、倫理学者の鑑のような存在であったカントも、高齢になり、老衰の兆候が見えてくると、生産的な批判を欲していた、かつての態度は次第に影を潜めていくことになります。本節の冒頭に、社交的であったカントの姿を描いたヴァジヤンスキーの言葉を引用しましたが、その彼は、カントの晩年についてはまったく正反対の証言をしているのです。

「〔晩年の〕カントは、自説に反対する抗議から一切逃れようと努めた。友人たちは、彼に対するいたわりと心遣いから直接には反対しなかったが、こういうことのために自説が確かだという彼の信念は一層強められた」（※5）

一般にそういった傾向が見られるかと思いますが、カントもその例外ではなく、年を重ねるごとに、他者の意見や批判に対する柔軟性は失われ、自らの考えの殻に閉じこもるようになっていったのです。そして、誰も異論を挟まなければ、自身の思い込みはどんどん増長していくことになります。（※6）晩年のカントはまさにそうで、おかしなエピソードがいくつも残っているのです。

たとえば、あるときネコが大量死したことがあったのですが、なぜかカントは電気のせいであると思い込んだのでした。また、これも理由がよくわからないのですが、ビールは体に良くないと思い込んでいたようで、ある人が早世した話を聞くと、そのたびにビールが原因であると決めつけていました。周りはまた変なことを言っていると思いながらも、すでに老い先長くないカントがそれで満足であればよいと諦念の感を持って、もはや異論を挟むようなことはしなかったのです。しかし、こうなってしまっては、もはや人間としては後退していくしかありません。

また先ほど私は、書物からだけではなく、生活を営む人々からも多くを学ぼうとしていたカントの姿勢について証言するヤッハマンの言葉を引用しましたが、彼もはやり、カントの晩年については、真逆の報告をしているのです。

「ただ晩年になると、ある種の考えがカントの心中で固定してしまい、もうそれを他のものと取り換えることができないほどになり、また様々な概念を結合する能力が次第に失われてくると、彼の会話は日ごとに単調となり、かつてはあらゆる階層の人々をあれほど引きつけずにはおかなかったおもしろさも、まったく失われてしまったのです」（※7）

このようなあり様では、当然のごとく、人々の心は離れていきます。私は第1章の冒頭に、カントという人物は世間的には浮世離れした堅物であるかのようなイメージがあることについて触れましたが、これはカント最晩年の像に過ぎないのです。（※8）

現実問題として、人と交流しなくなれば、頭は硬直していきます。そして頭が硬直してしまえば、他者との交流は難しくなります。こうなってしまうと悪循環です。カントはそのことを意識していたのにもかかわらず、死の間際にはできなくなってしまっていたのです。カントは当時の平均寿命の倍も生きていたので、ある程度は無理からぬことなのかもしれません。（※9）他方で、そうではない私たちには、柔軟性を失わないよう、できる限り多様な立場の人と接することが求められるのです。

（※1）カントが若い人たちと積極的に接したのは、さらに二つの理由がありました。ひとつは彼らの若さに触れて、自らの快活さを得るためであり、もうひとつは、すでに老境に差し掛かっていたカントが同年代の相手に先立たれることを恐れていたためです。

（※2）ボロウスキー、ヤッハマン、ヴァジヤンスキー（1967年）、258頁参照。

（※3）キューン（2017年）、625頁参照。

ただし別のテーマの話をしているときに、カントは自らの哲学を応用して説明することはあったようです。そして、それは平易な言葉でわかりやすくなされたというのです。ボロウスキー、ヤッハマン、ヴァジヤンスキー（1967年）、207頁参照。

（※4）ボロウスキー、ヤッハマン、ヴァジヤンスキー（1967年）、164頁。

（※5）ボロウスキー、ヤッハマン、ヴァジヤンスキー（1967年）、270頁。

（※6）組織において年長者、上司、正社員、常勤職の人間が周りから反感を買っているのに、周りは何も言わ（言え）ない。そのため当人は周りから反感を買っているのに一向に気がついていない、そして行動はどんどんエスカレートしていくというパターンが至るところで見られるのです。

（※7）ボロウスキー、ヤッハマン、ヴァジヤンスキー（1967年）、209頁。

（※8）加えてカントの批判者たちが好んで、カントの思想を彼の生き方を絡めて批判した点が挙げられます。

（※9）1750年のスウェーデンの平均寿命が38歳でした。ジョン・R・ウィルモス（2010年）、33頁参照。ちなみにカントは1724年生まれの1804年没。80歳になる直前まで生きたのです。

②卑屈にならないよう

他人との比較において己のみを尊重するのは、道徳的利己主義である。己の価値は、他人との比較ではなく、道徳法則の規則と比較して判定されなければならない。というのは、他人との比較の尺度は極めて偶然的であり、この偶然的な尺度と比較して己の価値を判定すれば、実際の価値とはまったく違った価値が生じる。この場合、反対に、己の価値が他人のそれより小さいことに気づけば、自分より大いなる価値を持つ人々を憎むようになる。そして次第に、嫉妬や嫌悪の情が生じる。

メンツァー（1968年）、176頁。

結果の良し悪しにはどうしても、運が絡んできてしまいます。他方で、道徳性というのは、意志さえあれば必ず実現するものなのです。だからカントは自らのうちなる必然的な道徳性こそを尺度とすべきであり、私の力が十全的には及ばない偶発的な結果は尺度とすべきでないと言うのです。

「人間性の素質」については、ここまでにすでに何度も言及してきました。それは自分と他人を比較してしまうことでした。もっとも自分と他者を比較すること自体は悪いことではありません。自分の人よりもすぐれている点や、不足している点について正当に自覚することができれば、それは有益なことと言えます。

問題なのは（「動物性の素質」と並び）これが自愛に発している点です。たとえば、「（他のことでは負けても）勉強ではあいつに勝てるはず」といった比較であり、思い込みであり、願望です。

これが、望んだとおりの結果が得られたならばまだよいですが、そうでなければ、人は落ち込みます。それでもただ単に落ち込むだけならまだマシで、下手をすると、やり場のない気持ちが悪意となって、まさにカントが挙げる、嫉妬、忘恩、他人の不幸を喜ぶ気持ちとなって外に向かってしまうかもしれないのです。そうなってしまうと、事態は余計うまくいかなくなるでしょう。

昨今はSNSの普及によって、「いいね」やフォロワー数などで、簡単に他者と比較できるようになりました。便利ではありますが、心を惑わされるきっかけにもなります。「なんであいつがあんなに『いいね』もらっているんだ」「なんであいつはあんなにフォロワーがいるんだ」といった具合です。

しかし、自分で「なんで」と言っているように、必然的な結果などないのです。数日後には炎上して多くのフォロワーが去っているかもしれないし、BANや凍結などでアカウント自体がなくなっているかもしれないし、そもそも不正をして集めた「いいね」であったり、フォロワーであったりするかもしれないのです。そんな数字（結果）に惑わされて、気にすることの馬鹿馬鹿しさをカントは指摘しているのです。

他人は他人、自分は自分であり、自らの内面に目を向けて、自分らしさを追求することに関心を向けるべきなのです。つまり自分の頭で考え、決断し、それに従って行為するということです。

そこに自分らしさが滲み出ていれば、自ずとそこに魅力を感じてくれる人が出てくるのではないでしょうか。

③理性の公的使用

自分の理性を公的に使用することは、いつでも自由でなければならない。〔中略〕ここで私が理性の公的使用というのは、ある人が見識ある者として、一般の聴衆全体の前で彼自身の理性を使用することを指している。

Ak VIII 37.

カントは自分で考えて、判断を下し、その規範に則るよう求めます。つまり、この手続きを自分ひとりでこなす必要があるのです。そのためカント倫理学は他者が介在しない、モノローグであり、表面的にはカントは普遍的な視点に立つべきことを要求しているものの、実際にはそこで行われた判断は独りよがりなものとなる危険性がある、または、その可能性が高いといった批判があるのです。（※1）

これには様々な反論の余地があります。たとえば、先ほど触れた、カント自らが行動に移した、様々な立場の人を家に招待して積極的に議論したことと絡めて反論することができます。できる限り多様な、そして、多くの他者に自らの考えを提示することで、それが本当に客観的な立場から受け入れられるものであるか吟味を加えることが、そして、その結果を自身の決断に反映させることができるのです。ここには他者が介在しており、決してモノローグなどではないのです。（※2）

またここでは新たな視点として、本節冒頭の引用文にあった「理性の公的使用」という表現であり、その中身について紹介したいと思います。これもまた他者、それも普遍的な視点に立つ他者と関わることに関連します。

カントという人は、自身の頭で考え判断すべきことを説きますが、現実には自らが所属する組織の方針と合わない、齟齬が生じるということがあります。このような場合、自分はどうしたらよいのでしょうか。あからさまに反発すれば、組織から理不尽な仕打ちを受けるかもしれません。では反対に、黙って追随すべきなのでしょうか。だとするとカントの理念に反するのではないでしょうか。ここにはジレンマがあるのです。

カントは、自身がそのような状況にいる場合に、「理性の公的使用」に踏み切るべきだと主張します。それは組織の外に向かって自らの考え方の妥当性について問うことを意味するのです。この説明だけではわかりにくいと思うので、カント自身が挙げている具体例を紹介しておきます。

軍隊のなかでは上官の命令は絶対です。しかし上官の命令だからといって、すべてに盲目的に従っていればいいということではありません。必ず自ら批判的な視点を持って吟味することが求められるのです。もし自身の考え方と軍隊における（上官の）考え方が異なるのであれば、狭い軍隊という組織のなかではなく、公に自らの考え方の是非について問うべきなのです。

というのも組織というのは、どんな組織であろうと、必ず偏りが生じてしまうものなのです。組織のなかでは「正しい」「当然のこと」と思われていることが、世間では受け入れがたいものであるということが往々にして起こります。その前提で、私たちが自らの考えの妥当性について真に判断を求めるべきは、狭い組織のなかではなく、世間一般であるべきなのです。

　これは今日でいう内部告発のようなものをイメージするとわかりやすいかもしれません。（※3）もし内部告発がうまくいかなくとも、自分の考え自体、もしくは、表現の仕方が適切ではなかったことの証左となり、それはそれでひとつの気づきになります。他方で、それがうまくいった場合、組織の方が改善を図る必要が出てきます。カントはそのような「理性の公的使用」がひとつの組織どころか、ひとつの国を動かすことすらありうると言うのです。

「すなわち自由に思考しようとする心的傾向と人間の使命感とを成熟せしめると、今度はこのものが徐々に国民の意識（これによって国民は、行動の自由を次第に発揮できるようになるのである）に作用を及ぼし、ついには統治の原則にすら影響を与えるのであ

る」（※4）

先の引用文の後にカント自身が続けているように、「理性の公的使用」によって、組織が変わっていくことは、組織のあり方に疑問を持っていた個人にとっても、また組織自体にとっても、望ましい変化であり、そのためその機会を自ら閉ざすようなことがあってはならないのです。

（※1）典型的にはユルゲン・ハーバーマスに代表される討議理論からの批判になります。

（※2）もっとも状況によっては行為の際に相手に意見を求める余裕のない場合があります。しかし、そこで他者を介在させることができないのは、どの倫理的な立場に立とうと同じことでしょう。

（※3）自衛隊員だった当時の経験から適応障害と診断され退職を余儀なくされた五ノ井里奈さんのケースは典型的な例と言えるでしょう。本人がYouTubeで発言したことで世間の関心と批判が高まり、自衛隊側もそれを無視できなくなり、結果的に組織として本人に謝罪し、加害者五名が懲戒処分を受けるに至りました。もし「理性の公的使用」の権利すら認めないとなると、このような立場の弱い人たちが声を上げる機会が極端に制限されてしまう（裁判に訴えるくらいしかない、当然ハードルは高い）ことになるのです。

（※4）Ak VIII 41.

④憎悪について

私が憎悪の対象である場合には、私は二、三の人々から憎まれているのに過ぎず、たとえこの憎悪から多くの不幸を受けることを予想しなくてはならないとしても、他の多くの人びとから私の価値をみとめてくれさえすれば、やはりその憎悪に耐え、それに対抗する勇気と手段とを十分に見出すだろう。

メンツァー（1968年）、238頁。

かつて私が学生の頃、教員や先輩に、「カント倫理学のすばらしさを一般の人々に伝えたい」「カント倫理学には世の中をよい方向に向かわせるだけの力がある」などと言おうものなら、良くて窘められ、悪くて失笑を買いました。「そういうことを言っていると青臭く聞こえるからやめた方がいい」「哲学や倫理学というのは役に立たないものなんだよ。今はわからないかもしれないが、君にもそのうちわかるよ」などと言われたのです。

しかし私には、そのような言葉（批判）が正鵠を射たものであるとはどうしても思えませんでした。むしろ私の目には、彼らが普段の生活や言動を含めて研究という狭い世界に閉じこもっているがために、世間一般の感覚からズレてしまっている人々として映ったのです。

学問上の理論とは、説明できる範囲が広ければ広いほどすぐれているはずであり、「ある理論について現実への適用にまったく耐えられないがすばらしい理論」などと口走る人がいれば、私にはわざと奇をてらっているか、もしくは、下手な言い訳をしているようにしか聞こえません。（※1）

私自身は、カント倫理学であり、それに土台を置いた、人の内面に関心を置き、評価する思想のすばらしいものであり、現実への適用に耐えられるものであることへの確信がありました。そうであるからには「理性の公的使用」によって、世間に判断を仰ぐべきなのです。

私はこれまでに一般向けに本を出版したり、イベントに登壇したり、ＹｏｕＴｕｂｅに出演したりと様々なツールを使って自分の研究成果を広く伝える活動をしてきました。その過程で、肯定的な反応をたくさん頂き、その度に私は自らが「理性の公的使用」に踏み切ることで、現実世界に変化が生じていることを実感するのです。

ただ、数ある反応のなかには批判的なものもあります。批判自体は決して悪いものではありません。むしろ生産的な批判は（カントにとってのグリーンの批判のように）私を成長させてくれ、大いに歓迎します。ただ、それが本当に有意義な批判であるかどうかということは批判をする側には判断しがたく、それは受け手に委ねざるをえないことになります。

ここで私が取り上げたいのは、結果的に批判が有意義かどうかということではなく、ここまで私が焦点を当ててきた、動機の質の問題です。つまり、批判が悪意にもとづいているかどうかという点です。誰もが有する「人間性の素質」から悪意が生じるという話は、ここまでに何度も繰り返してきたことです。人と接すれば接するほど、そのなかに、悪意を持った人間が紛れ込む可能性は残念ながら高まります。

私自身の経験談をすると、私の書いた本を読みながら（つまり最後まで読まずに）、批判的なツイートばかりを連投するような人がいます。（※2）批判するのに一生懸命であるものの、いやむしろ、批判すること自体が目的化してしまっているために、内容的には大概、的外れなのです。（※3）そのような書き込みを目にする度に、私は本節冒頭のカントの言葉を思い出すのです。つまり、悪く受け取ろうとするような人はごく一部であり、大多数の人は素直に読み、少なからぬ人たちが肯定的な反応を示してくれている現実を前に、私は「その憎悪に耐え、それに対抗する勇気と手段とを十分に見出す」ことができます。私は大多数の中立的な人々も含めて、決して少なくない数の肯定的な意見を述べてくれる人々によって支えられていることを自覚するのです。

（※1）実際に、哲学や倫理学をやっている人にはこういうタイプが非常に多いのです。

（※2）本を最後まで読まずに批判的な発言を連発するという姿勢そのものが恥ずかしいことであるという自覚を持ってほしいと思います。

（※3）ただし、その行為が悪意に発していることを私は推測することはできますが、断定することまではできません。

⑤公にされても構わないか自問する

他人の権利に関係する行為で、その行為原理が公表性と一致しないものは、すべて不正である。

Ak VIII 381.

簡単に言うと、公の目に触れることがはばかれるような行為は、すべきではないということです。カントは具体的に、一部の人には受け入れられても、大多数の人は賛同しないであろうことが自らわかっているような行為のことであるとしています。(※1)

たとえば、ツイッターでわざわざ鍵をかけてやり取りするような人たちは、なぜそうしているのでしょうか。もし公になったら多方面から非難されることになるからという自覚があるのであれば、それはカントの言う「公表性の原理」と一致しないことになるのです。

似たような態度は、SNS上で匿名で身元がバレないようにして発言しているような人たちの態度です。彼らはなぜそうしているのでしょうか。発言自体は公表していても、それと個人が結びつけられては困ると考えているのであれば、それもやはり「公表性の原理」に合致しないことになります。ちなみに、先ほど私に対する悪意的に見える書き込みについて触れましたが、それらはすべて匿名のものでした。匿名というのは倫理的感覚を鈍化させるひとつの要因になっているように私の目には映るのです。

私たちは「公表性の原理」に反しないように、つまり何事にも、誰からも後ろ指を指されることがないように、何か言われても堂々と申し開きができるように、臨むべきなのです。

話がここまで進んだところで、この「公表性の原理」について、これまでに本書で何度も言及されてきた「普遍化の定式」と何が違うのかと疑問に思った人がいるかもしれません。確かに類似点があります。どちらも自らの行為原理が、普遍的な視点に晒された場合を想像してみることを求めており、この点において両者は一致しています。

ただ、もちろん差異もあります。「普遍化の定式」の主眼が、自身が何をなすべきか導く点にありました。他方の「公表性の原理」は、カント自身によって「単に消極的」（※2）な基準に過ぎず、そのため「何が正しくないかを認識するのに役立つだけ」（※3）と説明されているのです。

これは法律をイメージするとわかりやすいかもしれません。法律は基本的に、ゴミ拾いをしなければならないとか、一定額寄付しなければならないといった、すべきことを命じたりしません。そうではなく、他人の物を盗んではいけないとか、傷害を負わせてはならないなど、してはならないことを規定しているに過ぎません。カント曰く、「この原理は、単に倫理的（徳論に属しているもの）と考えられるべきではなく、さらに法的（人間の権利に関わるもの）と考えられるべきである」（※4）
また法的に問われるということは、罰則が絡んでくるということです。
たとえば、ＳＮＳ上で、書き込みした側は匿名なので、身元がバレないと高をくくっていたわけですが、誹謗中傷された側が法的措置をとることで、加害者の身元が特定される、結果的にその者が社会的制裁を受けるというケースが多発しています。私たちは本来法的に、そして、もちろん倫理的に、自分の身元がバレても何の不都合もないように発言するよう努めるべきなのです。

（※1）カント自身は「すべての人が反対する」と表現していますが、私は「大多数が反対する」という条件で十分だと思っています。なぜなら、たとえば、どんなに差別的な発言であろうと、すべての人が反対するわけではないだろうからです。
（※2）Ak VIII 381.
（※3）Ak VIII 381f.
（※4）Ak VIII 381.

⑥則を超えた利己性は自分自身を蝕む

幸福を獲得するために作られた掟は、その大部分のものがいくつかの利己性に対しては大きな破壊を加える性質のものである。

Ak IV 399.

本書最後の章であり、節ということで、改めておさらい的に、対人関係に絡めて、なぜ倫理に関心を払う必要があるのか、なぜ利己性を抑えることが求められるのかという本書の核となる話をしておきたいと思います。

カント倫理学は非利己的な善意志から行為すべきことを説いているがために、禁欲的で厳格過ぎる主張であり、現実には適用しにくい理論として受け止められ、批判されることがあります。

しかし、カントは我々が普段の生活において抱える倫理に関係のないような素朴な利己性のことは問題にしていません。カントが戒めるのは、度を越えた利己性のことなのです。それは倫理的な理由によって退けられるべきものなのですが、そのような度を越えた利己性というのは、どのみち己自身を傷つける可能性を多分に含むものなのです。本節冒頭の引用文はそのことを言っています。

カントはその後に実例を挙げているので、ここにも紹介すると、自分の食べたい物を食べること自体は非難されることではありません。しかし限度といったものがあります。本当に自らの欲求に忠実に従って食べたい物を食べていたら、体を壊すでしょう。そんなことは本来誰もがわかっているはずのことなのです。

ところが現実に、暴飲暴食をして、自らの命を縮めてしまう人が(たくさん)いるわけです。そういう人は本当はわかっているのだけれど、わかっていないかのような振りをします。自分自身を騙しているのです。カントはそのような態度を「自分自身を煙に巻く不誠実」(※)と表現します。

そのことが非常にわかりやすい形で現れているのが、昨今問題となっている、若者が飲食店で迷惑行為をする動画をSNSに流して、再生数を稼ごうとする行為です。ここで興味深いのは、彼らはコソコソやるのではなく、それをSNSを使って、多くの人の目に触れるように、それを目的としてやっているという点です。つまり、倫理に不可欠である普遍的な視点に自らの行為を積極的にさらしているのです。

これまた冷静に考えさえすれば、どのような反応が返って来るかわかるはずなのです。しかし、さまざまな利己的な理由から、たとえば、考えることは面倒であるとか、自分の感情と反する帰結が導かれてしまうかもしれないからなどといった理由で、考えることを怠ってしまいます。それが（まさに本節冒頭の引用文にあるように）結果的に自分自身を破壊する結果を招くのです。

迷惑行為が映っている動画が拡散された結果、飲食店は風評被害を受けています。飲食店の側が、刑事や民事で訴えた場合、大きな代償が待っていることになります。特に民事では、加害者の側は、一生働いても払いきれないほどの多額の賠償金を科せられる可能性もあります。また、ネットなどで顔と名前がさらされることで、一生の汚点となってしまうのです。

考えることを怠ること、たとえ考えたとしても自分勝手な偏った仕方で倫理を蔑ろにすることは、他者に不快な思いをさせたり、危害を加えたりすることにつながるのであり、それの報いは自分自身が受けることになるのです。そんな愚行をなすことは結局、誰のためにもなりません。この世にはひとりとして倫理に対して無関心で生きていける人間などいないのです。

（※）Ak VI 38.

おわりに

日本は今、人口も経済も衰退の一途をたどっています。この日本の弱体化ですが、倫理的な要因が少なくないと私は見ています。

本文で述べたように、私たちは自身の幸福を追求しても構わないのです。ただ同時に、それだけで本当にいいのかとも問うているのです。

結婚したくない、誰かと一緒に住みたくない、子供もいらない、人付き合いも極力避けたい、ひとりでいたい。つまり、本書のテーマである人間関係をできるだけ回避しようとする動きです。

それでそこにいったい何が残るのでしょうか。自分の幸せを追求することでしょうか。

しかし、他者がすっぽり抜け落ちた自分のことで頭がいっぱいの人間ばかりが集まった社会などを想像してみてほしいと思います。そんなもの機能するはずがないのです。日本人はよく勤勉・真面目などと言われます。海外に住んでおり、さまざまな国の人と触れる機会がある私の目から見ても、その見立ては間違っていないと思います。しかし、自分のことしか考えていない人間の勤勉さや真面目さに、いったいどれだけの価値があるというのでしょうか。

今よりもほんの少しでいいのです。もう少しだけでも他者のことを考え、働きかけるのです。みんながほんのわずか意識を変えるだけでも、社会全体としては、相当な変化になるはずなのです。ここで「自分ひとりがやったって」と考えてはいけません。それは倫理的にもっともしてはならない発想です。周りがどうであろうと関係ありません。自分がすべきことをすべきなのです。

この社会は、ひとりひとりの行動の総体として、成り立っているのです。

社会の変化だって、本（もと）を正せばたったひとりの行動から生じているはずなのです。私もこの活動、つまり、カント倫理学を土台とした、人の内面に関心を寄せて、評価する思想の中身であり、価値でありを広く知ってもらうための活動をはじめたときはひとりでした。本編の第4章4節でも触れたように、今ではひとりだとは思っていません。賛同の意を示してくれる人たちや、サポートしてくれる人たちがいるからです。

具体的には、月曜社の小林浩さんが、私の原稿を評価してくださり、2020年に月曜社から『意志の倫理学』を刊行しました。それをたまたま目にした集英社新書の藁谷浩一さんのお声がけから、2022年に『いまを生きるカント倫理学』を出版することができました。

すると今度は二つの出版社から本を出すお話を頂くことができました（一社はこのワニブックスになります）。

ただ、ひとつ困ったこともありました。その二社（者）から提案されたテーマが、丸被りだったのです。具体的には、「カントが現代人の悩みに答えるものを書いてほしい」というものだったのです（苦笑）。

短期間のうちにカント倫理学についての一般向けの本をすでに二冊出しており、直後にさらにもう二冊、しかも丸被りのテーマの執筆を提案されたら、常識的な感覚ではどちらかに断りを入れる、もしくは、テーマの変更を申し出るのではないでしょうか。

しかし諦めの悪い私は、頭を捻りに捻りました。まずワニブックスから頂いた企画書には「人間関係を中心に」ということが強調されていたので、こちらは人間関係を中心にして、もうひとつの方は「それ以外のテーマ」で住み分けを図ることにしました。また本書は新書という形態なので完全に事前知識ゼロの人を対象とし、もう一方は哲学・倫理学系に強みのある出版社であり、また、新書ではなく普通の単行本の形態なので、多少専門性を持たせたものにすることにしました。

とりあえず両方の目次を作ってみて、またスタイルも差別化を図る形で数節書いてみて、ようやく「これで行けるかもしれない」と思うようになったのです（書く意志があることを両方の出版社に伝えたのです）。

ということで、本書を読んだ後で、カント倫理学についてもう少し広く、深く理解したいという方がいましたら、次回作を待って、そちらをお読みください（出版社等、詳細についてはまだ口外できません）。

また本書では（最晩年の姿以外）カント批判はしませんでしたが、次作では（どうとでも取れるような言葉を並べた）カント自身、ならびに（表面的な整合性ばかりを取り繕うばかりで、実り多いカント倫理学を浮世離れした形でしか扱おうとしない）カント研究者も含めてバンバン批判します。

最後になりましたが、本書の執筆を提案してくださり、その後サポートしてくださった、ワニブックス新書担当の編集者、大井隆義さんには感謝しております。加えて、私とは直接接点はなかったものの、影で多くの方がすでに本書に関わっているはずであり、また、これから関わることになると思います。その人たちにも私は感謝の念を持っていることを伝えたいと思います。ありがとうございます。

【参考文献】

日本語版のカント全集は、理想社版と、岩波書店版があり、本書では両方を参考にしました。ここでは、それ以外の文献を表記します。外国語の文献に関しては、日本語訳がある場合は、そちらのみを載せます。

パウル・メンツァー編『カントの倫理学講義』小西國夫／永野ミツ子訳、三修社、1968年
ルートヴィッヒ・エルンスト・ボロウスキー、ラインホルト・ベルンハルト・ヤッハマン、アンドレアス・クリストフ・ヴァジヤンスキー『カント　その人と生涯』芝烝訳、創元社、1967年
アルトゥール・ショーペンハウアー「倫理学の二つの根本問題」(『ショーペンハウアー全集』9巻所収）前田敬作／芦津文夫／今村孝訳、白水社、1973年
ジョン・R・ウィルモス「人類の寿命伸長：過去・現在・未来」石井太訳、人口問題研究／国立社会保障・人口問題研究所編　六六（三）、三三一〜三九頁、2010年
アンジェラ・ダックワース『やり抜く力――人生のあらゆる成功を決める「究極の能力」を身につける』神崎朗子訳、ダイヤモンド社、2016年
マンフレッド・キューン『カント伝』菅沢龍文／中澤武／山根雄一郎訳、春風社、2017年
ポール・ブルーム『反共感論』高橋洋訳、白揚社、2018年
秋元康隆『いまを生きるカント倫理学』集英社新書、2022年

秋元康隆（あきもとやすたか）

1978年生まれ。トリア大学教授であり、カント協会会長である、ベルント・デルフリンガー教授のもとでカント倫理学をテーマに博士号取得。そのままドイツに残り、トリア大学付属カント研究所に所属し、不定期でカント倫理学のゼミを担当。著書に『意志の倫理学ーカントに学ぶ善への勇気』（月曜社）、『いまを生きるカント倫理学』（集英社新書）がある。

人間関係の悩みがなくなる
カントのヒント

2023年6月25日　初版発行

著者　秋元康隆

発行者　横内正昭
編集人　内田克弥
発行所　株式会社ワニブックス
〒150-8482
東京都渋谷区恵比寿4-4-9えびす大黒ビル
ワニブックスHP　http://www.wani.co.jp/
（お問い合わせはメールで受け付けております
HPより「お問い合わせ」へお進みください）
※内容によりましてはお答えできない場合がございます。

装丁　小口翔平＋嵩あかり（tobufune）
フォーマット　橘田浩志（アティック）
カバーイラスト　くにともゆかり
校正　東京出版サービスセンター
編集　大井隆義（ワニブックス）

印刷所　凸版印刷株式会社
DTP　株式会社三協美術
製本所　ナショナル製本

ISBN 978-4-8470-6695-5